生年月日で導かれた
12の花が起こす小さな奇跡

誕《たん》生《じょう》花《か》セラピー

数秘術の魔法《パワー》で幸せの扉を開く

一般社団法人日本誕生花セラピー協会
代表理事 白岡三奈

BAB JAPAN

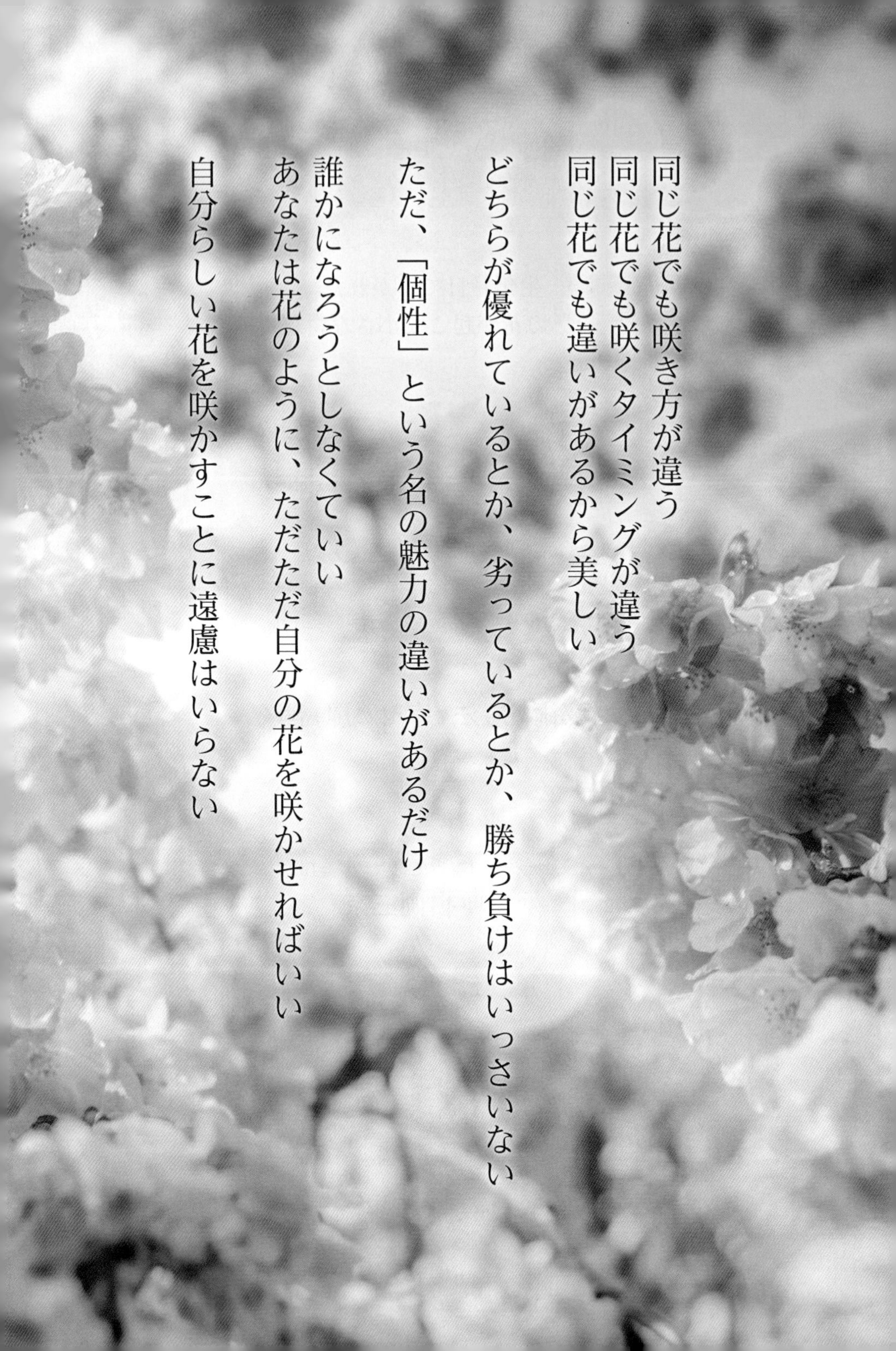

同じ花でも咲き方が違う
同じ花でも咲くタイミングが違う
同じ花でも違いがあるから美しい

どちらが優れているとか、劣っているとか、勝ち負けはいっさいない

ただ、「個性」という名の魅力の違いがあるだけ

誰かになろうとしなくていい
あなたは花のように、ただただ自分の花を咲かせればいい
自分らしい花を咲かすことに遠慮はいらない

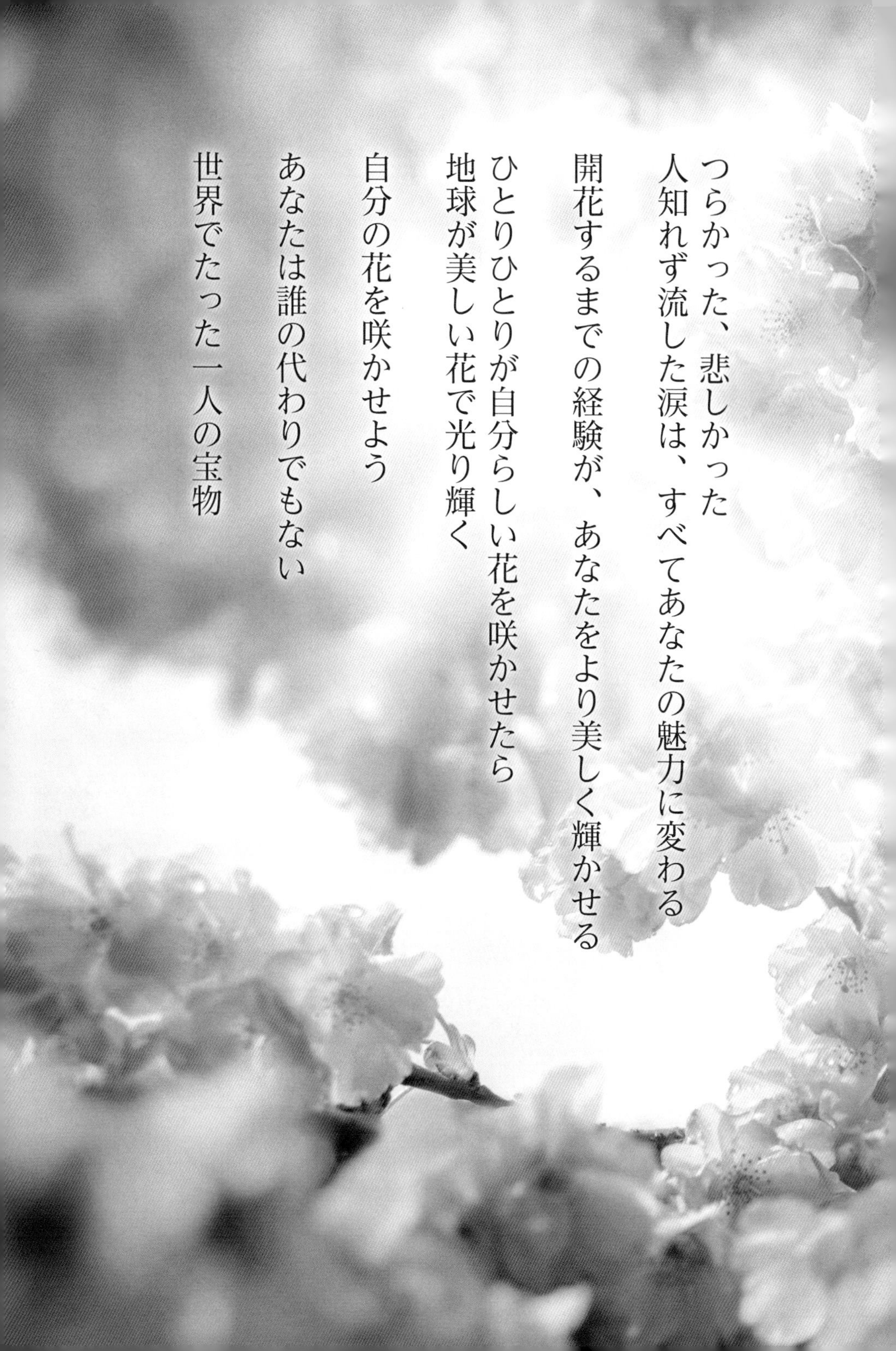

つらかった、悲しかった
人知れず流した涙は、すべてあなたの魅力に変わる

開花するまでの経験が、あなたをより美しく輝かせる

ひとりひとりが自分らしい花を咲かせたら
地球が美しい花で光り輝く

自分の花を咲かせよう

あなたは誰の代わりでもない

世界でたった一人の宝物

毎日が誕生日
誰しも、今この瞬間が一番若い
いつからでもなりたい自分になれる
今日という日は二度と来ない
新しいスタートを
今ここから、咲かせよう

誕生花 1　ひまわり

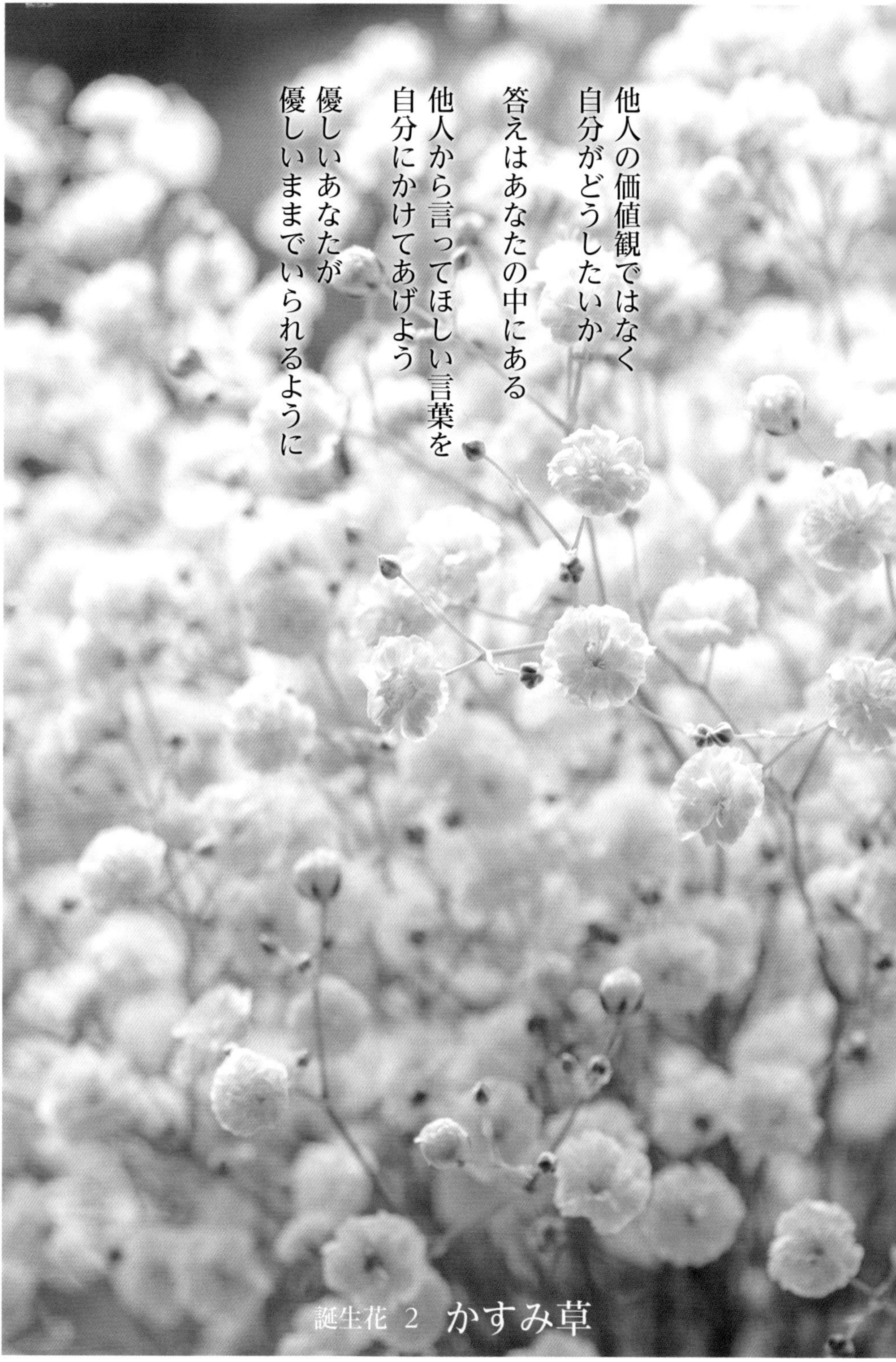

他人の価値観ではなく
自分がどうしたいか

答えはあなたの中にある

他人から言ってほしい言葉を
自分にかけてあげよう

優しいあなたが
優しいままでいられるように

誕生花 2 かすみ草

楽しむことをあきらめていない？
もっともっと楽しんでいい
あなたの笑顔を待っている人がいる

ご機嫌でいること
それだけで社会貢献

誕生花 3　ガーベラ

いつからだろう
ちゃんとしなくては……
完璧にしなくては……
自分で決めた枠の中で
自分を苦しめていた
もう十分、頑張ってきた

大切なあなたへ

どうか、これ以上我慢しないでほしいのです
どうか、頑張りすぎないでほしいのです

誕生花 4　クローバー

たとえ制限があったとしても
心はいつだって
「自由」でいられる

あなたの感性を閉じ込めないで

世間の最大公約数に
合わせなくていい

自分に正直に
心の翼を広げて飛び立とう

あなたの表現することは
世界中の人の力になる

誕生花 5　チューリップ

「ありがとう」
何度言っても足りないくらい
感謝の気持ちで涙があふれる

あなたいてくれたから
今の私がいます

人のためにと頑張るあなたが
ふんわりリラックスできますように

誕生花 6 カーネーション

悩むのは理想という「希望」があるから
精一杯、生きている証《あかし》
生きたい証

刻々と変化する生花のように
悩みは形を変えて、昇華されていく

誕生花 7　カラー

何かができるから
愛されるのではない
自信があるから
愛されるのではない
あなたがあなたであるから
愛されるのです
大きく光り輝くあなたは美しい

誕生花 8　ダリア

生まれたときから
あなたは完全です
何かを完璧に
しようとしなくても
あなたは生きているだけで
完全なのです
あなたの慈悲深い愛は
平和をもたらしてくれます

誕生花 9　椿

あなたがつらく
苦しいときも
希望の光は
さしています

宇宙はどんなときも
あなたを見捨てる
ことはありません

誕生花　11　蓮

「無理だよ」と何万回
誰に言われたの？

できる、できないより
「やりきった自分」に出会おう

あなたは何度でも立ち上がれる

前例がないのなら
あなたが世界初になればいい

誕生花 22　胡蝶蘭

地球がしんどいときは、思い出して
自らこの地球を選んで
体験したくて降り立ったことを

何をしに来て、何を伝えたくて、誰を救いたい
生まれたままの透明なあなたを思い出して

「奇跡」は現実の中にある

あなたの幸せがわたしの幸せ

誰も理解してくれなくても
虹になって
愛を送り続けています

誕生花 33 虹の花

❶ひまわり

❷かすみ草

❸ガーベラ

❹クローバー

❺チューリップ

❻カーネーション

❼カラー

❽ダリア

❾椿

⓫蓮

㉒胡蝶蘭

㉝虹の花

はじめに

「自分の花」を満開に

この本を手に取ってくださり、ありがとうございます。この出会いに、心より感謝いたします。

はじめまして。私は「数秘術・花・心理学」を融合した「誕生花セラピー」を、2013年に考案しました。「より自分を好きになり、癒やされ、勇気の一歩となるよう」願いを込め、たくさんの方々にお伝えしています。ありがたいことに、受講生は国内外に1000名を超え、今も幸せの花が広がっています。

花のように誰とも比べることなく、ただただ「自分の花」を命いっぱい咲かせること。本書を通して、あなたの花が満開に輝きを増す一助となれたらうれしく思います。

本書では、まず第1章で、数秘術や誕生花セラピーとはどういうものかについてご説明します。さらに、具体的な例として、私が数秘術と出会って起きた人生の小さな奇跡をご紹介します。

そのあと、第2章では、具体的な誕生花の算出方法、第3章では、12種類の花の解説をご紹介しています。第4章では誕生花セラピーの活用方法や花を通して伝えるメッセージ、受講生の体験談をご紹介しています。


ここで、誕生花セラピーが誕生した不思議なきっかけをお伝えしたいと思います。

2013年、当時、私は会社勤めをしていました。その頃すでに数秘術に魅了されていましたが、本業として食べていけるほどの活動方法もわからずに過ごしていました。ある日の夕方、仕事を終え、帰宅後、ベッドに横になってリラックスしていた……そのときでした。

「1ひまわり……2かすみ草……」。

まるで、呼吸をするかのように自然と頭の上のあたりからスーッと「数字と花のインスピレーション」が入ってきました。あまりに自然だったので、気にも留めずにそのままにしてしまいそうなほどでした。しかし、次の瞬間、「これは、前から探していた答えだ！」とハッと気づき、飛び起きました。近くにあったメモ帳とペンを取り、次々と降りてくる数字と花を書き留めました。

「3ガーベラ、4クローバー……」。

そのとき、目の前に遠くまで果てしなく広がる色とりどりの花畑と、幸せそうに笑う人々が立っている、壮大な光景が一面に広がりました。「ここは、天国？……」と思うほど美しく平和な光景でした。私は鳥肌が立ち、これまで感じたことのない、温かく深い幸せに全身が包まれました。

この光景と世界観を「形にしたい！」と、強烈に胸に刻まれた瞬間でした。同時に「なんでこれまでなかったのだろう？」と思うほど、あまりにも自然で、前から知っていたような懐かしい感覚も覚えました。とにかく「幸せで鼓動が高鳴る」透明な喜びが、空まで届くような感じを抱きました。その後６か月かけて形にし、このときの光景が現実となっています。今も想像以上の幸せの花が広がっています。

誕生花セラピーは、その人の無限の可能性を信じています。すでに気づいている魅力を、あと押しされることもあるでしょう。今はまだ、あなた自身が気づいていない魅力があるかもしれません。しかし、数日後、数か月後、数年後にふと気づくこともあるでしょう。まだ気づいていない、開花を楽しみに待っているあなたの「魅力」。その気づきの「種」を本書でプレゼントできたら、これほど幸せなことはありません。

さあ、誕生花セラピーで幸せの扉を開きましょう！

「あなたは満開に光り輝いています！」

誕生花セラピー

もくじ

第2章 誕生花を知る

第3章 誕生花のストーリー

第4章

誕生花が教えてくれる幸せのつくり方

・誕生花セラピーは、病気治療・予防を目的とするものではありません。
・「誕生花セラピー」は、一般社団法人日本誕生日セラピー協会の登録商標です。

第1章

誕生花セラピーの秘密

あなたが思っている以上に、あなたは愛されています。
無条件に愛される存在なのです。

誕生花セラピーって何?

数秘術と花と心理学を融合したセラピー

「自分の魅力って、何だろう?」。

誰しも一度は思ったことがあるのではないでしょうか。実は、あなたが思っている「あなた」が、「あなたの魅力のすべて」ではありません。

たとえば、東京で見える夜空の星と、八ヶ岳で見える星の数や見え方は違います。実際、私が体験したのですが、八ヶ岳の夜空には、手を伸ばせば届きそうなほど、無数の星たちがキラキラと瞬いていました。しかし、東京の夜空にも同じ星が確かに存在しています。場所の明るさや環境により、見え方が違うだけです。同じように、私たちの魅力も本来は存在しているけれど、育った環境、経験により見えなくなっていることもあります。

では、あなたの魅力はどうしたらわかるのでしょうか? それを導き出し、伝える方法の一つが「誕生花セラピー」です。

誕生花セラピーは自分を知るだけでなく、他者を理解し、「なぜ、あの人はあのような言動をするのだろう?」の謎を解いてくれます。苦手意識がある人に対しても、ただ「他者との違いが存在しているだけ」と、違いを尊重し合うことができます。

私自身、幼少期から周囲のエネルギーを敏感に感じ取ってしまい、いつも疲れているようなところがありました。しかし、誕生花セラピーで、他者の性質を理解して、人間関係の取り越し苦労がうんと減りました。

苦手と感じられる人に対しても「その人らしい」と理解でき、尊重できるようになれました。また、他者の性質を理解することで、「どう接すると喜ばれるか」などといったコミュニケーション方法もわかり、人間関係が楽になりました。本書でも他者を理解するため、コミュニケーション方法なども、誕生花ごとに解説しています。

誕生花セラピーは生年月日をもとにする「数秘術」がベースです。算出された数字「1~9、11、22、33」の12種類をそれぞれ「花」にたとえています。さらに、数秘術の結果を単に伝えるだけではなく、心理学の要素も取り入れています。心に寄り添い、「癒やし、勇気、幸せ」を目的としています。

✻「数字が苦手……」。でも大丈夫！

数秘術は数字を使用します。しかし、「数字や計算が苦手で……」とおっしゃる方も少なくありません。私自身も、「数秘術は大好きだけど、数字や計算は苦手」という葛藤を長年抱えていました。誕生花セラピーでは、「数字を花」にたとえているため、数字に苦手意識がある方でも「花」を通して楽しく活用していただけるでしょう。

実際、誕生花セラピーの講座を受講される方の多くから、「花にたとえられるとうれしい」「数字だけでなく、花になることで癒やされる」などといったお声をいただいています。

また、本書では計算が苦手な方が少しでも簡単に楽しんでいただけるよう、誕生花を算出する際、二桁までの「誕生花合計数一覧」を掲載しました。これにより、最終的に自分の生年月日の合計数より導き出される「数字と花」を迷うことなく確認できるでしょう。

世の中には生年月日を使用する占い・統計学が多くあります。その中には、「生まれた時間」を必要とするものもあります。誕生花セラピーのベースとなる「数秘術」は、生まれた時間は不要です。生まれた時間がわからない方にも楽しんでいただけます。

「怖いことが書いてあったらどうしよう……」と心配される方もいるかもしれませんね。誕生花セラピーでは、基本的にポジティブで、愛を込めた癒やしのメッセージをお伝えしています。読んでいただいた方に、「より幸せを感じていただけたら」と願いを込めています。

誕生花セラピーの理念の一つに「愛と感謝がベースであること」というものがあります。誕生花セラピーで使用している「数秘術」は壮大な歴史を経て、今日に伝承されています。その叡智《えいち》を使わせていただくことに敬意を表しています。

また、花は一つも文句を言わずに、私たちに限りない癒やしを与えてくれています。心理学についても、多くの心理学者の方々の功績により、学ばせていただいています。人間以外にも、すべてのものに「愛と感謝」の想いを大切にしています。

人間を完全に12種類に分けることはできないと思っています。いくつかの花の性質が混ざり合っていることもあります。だから、一つの枠に自分を無理に押し込めようとしなくても大丈夫です。より自由に羽ばたいていただけたらうれしく思います。

誕生花セラピーは心をもっと自由にするセラピー

誕生花セラピーでは、満開に咲く花だけが美しいのではなく、成長過程も素晴らしいと考えています。このことから、講座やセッションでは「誕生花」「発芽」「根」「蕾」「種」の5種類をお伝えしています。本書ではその中の**「誕生花」「発芽」「根」**の3種類をご紹介します！

本書で紹介する誕生花セラピーは、次の三つの数字を算出します。

- **「誕生花」**…メインとなる花。生まれ持った性質・人生の生き方を表す。
  例：誕生花「5チューリップ」
- **「発芽」**……表に出やすい得意分野を表す。誕生花を補うキーワードになる。
  例：発芽「3ガーベラ」
  さらに、発芽はキーワードを持ち、誕生花と組み合わせる。ガーベラの発芽キーワードは「無邪気」。これを誕生花と組み合わせて、「無邪気なチューリップ」となる。

・「根」………時間が経つにつれ出やすくなり、いざというときにも出やすい性質を表す。これは、潜在意識のもう一人のあなたを表している。

例：根「8ダリア」

✿誕生花セラピーの誕生花は366日分あるの？

誕生花セラピーでは、数秘術より導き出される12種類の数字を、誕生花としています。したがって、毎日違う植物が提示される、いわゆる「誕生花」とは違います。

ちなみに、その「誕生花」は、国や地域により諸説あります。同じ誕生日でも、国や考え方によって、花が違うことがあります。

✿花の色にも意味があるの？

誕生花セラピーで使用している花は、数秘術の数の意味を表しています。各花には数秘術の数のイメージに合わせた色を、基本的に使用しています。しかし、デザイン上、複数の花色が混ざっていることもあります。また花のエネルギーを活用する際（214ページ）、ご自身にフィットする花の色をお使いいただけたらと思います。

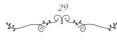

✤誕生花セラピーは見た瞬間から始まっている

10年以上前のお話ですが、とても落ち込む出来事がありました。家に閉じこもっていましたが、友人のガラス展に誘われ、気力を振り絞って出向きました。会場は木のぬくもりに包まれ、柔らかい日差しが差し込んでいました。

友人がつくった繊細なキラキラ透き通るガラス細工を見た瞬間、「きれい！」と心をつかまれ、止まっていた心が動き始めました。あれほど落ち込んでいたのに、帰りには生きる希望が湧き、元気になっていたのです。この経験から「きれいなものは、人の心を癒やし、元気にしてくれる」と気がつきました。

誕生花セラピーも、パッと見た瞬間から「きれい」と心動いてくださるよう、願いを込めて作成しました。誕生花セラピーの講座で使用するテキストやセッションシート、カードなども、美しい花の写真、色合いを大切にしています。

✤誕生花を知ることで、より自由になれる

たとえば、一口にひまわりといっても、ひまわり畑に咲くひまわりと、プランターで育てた小さなひまわりなど種類もさまざまです。また色合いも、淡いレモンイエローから鮮やかな黄色まで、いろいろあります。

同じ花であっても、色も形もまったく違います。私たちも同じ誕生花であっても、違いがあるのが自然です。ですから、解説を読み、そのとおりでないといけないということはいっさいありません。誕生花セラピーで解説していることは、素晴らしいあなたのほんの一部分にしか過ぎません。解説を読み、**より自由に自分らしく羽ばたいて、ますます豊かに幸せになっていく**――そのきっかけとなれたらと、願いを込めて考案しました。

✤「当たる・当たらない」を超えたセラピー

ある人を見たとき、その人は見る人によって、親であり、子どもであり、上司であり、部下でもあるでしょう。また職場で見せる顔と家で見せる顔、恋人と二人っきりのときの顔など、違う顔も持っています。自分というフィルター（色眼鏡）を通して見た人や自分は、そのうちの一側面でしかありません。

だから、自分はあてはまっていないと思っても、別の人から「そういう面がある！」と言われることもあるでしょう。見方によって「どういう人か」が変わります。

誕生花セラピーは、さまざまな植物を象徴させることで、一人の人を多面的に見ることができるようになっています。「ほかの人から見たら、そう見えるかもしれない」「自分の中にそんな一面があるだろうか」と、自分の知らない自分と出会う、自分の中の可能性を見出せる……その先の気づきにより、**「より幸せに」**歩んでいけるツールとなります。

数秘術の不思議

数字によって人生が変わった私のストーリー

25年間の恐怖症を克服

私は9歳～35歳までの約25年間、他人からはなかなか理解してもらいづらい、苦しい経験をしてきました。

きっかけは、小学校四年生の頃でした。両親の仕事の都合で急に転校することになりました。転校先の小学校に初めて行った日のことは、今でも忘れられません。担任の先生に連れられて教室に入ると、机の上にあぐらをかいて座っている女の子がいたのです！　椅子ではなく、机の上に！　教室の雰囲気も荒々しかったのを覚えています。

登校初日はその雰囲気にのまれ、話しかけられてもうつむき、蚊の鳴くような声しか出せませんでした。それからは、学校に行くことに、ものすごくプレッシャーを感じるようになりました。その頃、黒髪でストレートだった髪質が、なぜか茶色でウェーブがかかり始めたことから、「外人が来た」などといじめられるようになったのです。

学校でのストレスから食欲もなくなっていたあるとき、家族で外食に行くと、具合が悪くなってしまいました。もともと食が細く、食べることにプレッシャーを感じていたこともあるのですが、それ以来「また気持ちが悪くなったらどうしよう」と外食に行くことが怖くなりました。人と一緒に食べることになると、「気持ちが悪くなったらどうしよう。でも、たくさん食べないと……」と、緊張感でよけいに食べられなくなりました。

17歳の頃にスカウトされ、モデルをしていたのですが、ロケの撮影でのランチはプレッシャーで押しつぶされそうでした。人と食事ができないなんて、言えませんでした。外食、しかも人と一緒に食べなければいけないことが、とても苦しかったのです。

数秘術と出会い、年の運勢サイクルを初めて計算したとき、転校した9歳のサイクルが「33」だとわかりました。とても予測不能な波乱になりやすいサイクルだったのです。

それまでは、「もっと頑張ればうまくできたかもしれない」と、どこかで自分を責めていた気持ちが、「そんなたいへんなサイクルの中、よく頑張った。仕方のないことだった」と、癒やされ、そのときの自分を優しく受け入れることができたのです。

誕生花セラピーを始めてから、講座のランチも自分で選び、自分軸で生きられるようになりました。まわりには自分と波調の合う人が増え、会食や外食も楽しくなり、恐怖症を克服していけました。

数秘術との運命的な出会い

31歳のとき、私はたび重なるストレスで身体と心を壊し、2週間ほど入院しました。梅雨の時期の紫陽花が咲き誇る季節でした。退院後、静養を続けながら少しずつ普通の生活ができるようになってきた頃です。

ある日の午前中、突然「自分を変えたい！」と、動かずにはいられなくなりました。何かイベントはないかとSNSを検索したところ、午後から、「天使のお茶会」という1件のイベントが予定されているのを見つけました。「何が何でも変わりたくて仕方がない！」と強烈に思っていた私は、勇気をふり絞り、出かけることにしたのです。

イベント会場に入って席に着くと、主催の女性が私にこう言いました。「今から、目の前の席に、占い師さんが来るから」。当時の私は占いに興味はなく、むしろ偏見を持っていたくらいです。よく見ずにイベントに参加し、急に不安になりました。数分後、一人の女性が「すみません、遅くなりました」と柔らかい声と優しい明るい笑顔で入ってこられ、私の目の前の席に座ったのです。

電卓を渡され、「生年月日の西暦と月と日を一桁にして、順番に足してみて」と言いました。私は電卓でゆっくりと、自分の生年月日を足していきました。「1＋9＋……＋2＋3」

と「＝」を押した瞬間、電卓に「33」と表示されました。すると、まわりにいた参加者さんとその女性が「わぁ、33！　珍しい」と電卓を覗きに集まってきたのです。

その女性は33について話してくれました。「まわりから理解されにくいこと」「幼少期、たいへんな思いをしやすいこと」「なぜか、人とずれてしまうことがあること」……。解説を聞いて、これまで居場所のなかった自分の「心の居場所」を見つけたような、とても自分とフィットする安心感を覚えました。これまで誰にも理解されなかったことを、「やっと理解してもらえた！」と、不思議な感覚になりました。


「数秘術」という占術であることを聞いたお茶会の帰り道、私はいてもたってもいられず、本屋さんに寄り、お茶会で名前の出た、はづき虹映先生の本を購入しました。普段は22時には寝てしまう早寝の私が、その日は日付が変わるのも忘れて、友人や家族の生年月日について、次々と数秘術の計算をしていきました。

実は、私は数字や計算が苦手なのですが、なぜか、各数字の解説がスッと頭に入り、全部数字のイメージとともに覚えてしまったのです。

その2年後、33歳のときに初めてはづき先生の講座を受講しました。数秘33は33歳で転機があるといいますが、33歳というタイミングで数秘術の資格を取得することができました。資格取得後は、積極的に体験講座やセッションを開始。とにかく楽しくて、楽しくて仕方ありませんでした。口コミやブログを見て集まる人は、不思議と数秘33の方々が多かったのです。そして、数秘33のことを伝えると皆さん、「とても楽になった」と言ってくれました。

数秘33のおかげで始まった活動が夢中で楽しくて仕方のないその年、私の人生で予想だにしない出来事が起きたのです。

数秘33と祖父とのつながり

私は、自分の誕生日が来ることを「うれしいような、申し訳ないような」気持ちで迎え、手放しで喜べずにいました。実は、祖父は生まれた私を見に産婦人科に来る途中、事故で天国に旅立ってしまったからです。そのエピソードを知った7歳以降、「自分のせいでおじいちゃんがいなくなってしまった」と、どこか罪悪感を感じるようになってしまいました。

だからこそ、まわりには口にできなかったけれど、いつも心の中で思っていた本当の気持ち……。それは、「おじいちゃんに一目でいいから会いたい」——というものでした。

あるとき電話回線の名義変更をしたところ、前の名義が祖父であることを知りました。

「おじいちゃんの名前ってなんて読むの？」

「すみぞう、だよ。寿に三三って書いて、すみぞうって読む」

父から祖父の名前を聞いたとき、信じられずに、放心状態になりました。そして数分後、涙があふれてきたのです。私は祖父に会えた気がしました。祖父の名前の活動をできていることがとてもうれしく、恩返しできたような気持ちになりました。祖父の名前を知った33歳の自分。数秘33の不思議なシンクロニシティが重なり、祖父から「命のバトン」を受け継いだのだと思えました。「祖父の分まで生きて、多くの方々に数秘術で幸せを届ける」。私の中に、光の柱が立ち、使命が宿りました。

　これまで、なんのためにこの地球に来たのか、ふらふらしているような感覚で生きづらさを抱えていました。が、この瞬間、自分で地球を選びやってきたこと、そして今地球に両足でしっかり立っていることを実感したのです。この地球で、自らの意志で人生を歩んでいこう。そう強く自分の胸に刻みました。


　初めて数秘術と出会ったその日から、私は数秘術が大好きになりました！　とにかく楽しくて楽しくて、夢中になっていました。いつしか人様の「誕生日」が大好きになっていました。そして、自分の誕生日も数秘術のおかげで、イメージが楽しいものに少しずつ変わっていったのです。

きっと、これも祖父から受け継いだバトンのおかげなのでしょう。数秘術と出会わせてくれたことは、祖父からの最大のプレゼントなのかもしれません。私が誕生したことに罪悪感を感じないように。おじいちゃん、本当にありがとう。

「すべてはつながっている」。これまでの人生では気づけなかったけれど、ベストタイミングで**「すべて幸せに通じる道」**だと気づけるときが来るのだと、これらの体験を通して気づかせていただきました。

何かに悩み、つまずいたとしても、今は答えがわからない「まだ見ぬ真実の流れの中」にいるのかもしれません。悩んで苦しいときは、時間が経つのが遅く感じられます。しかし、そんなときこそ、**「数年後にわかる真実の、大きな流れの中にいる」**。そう思うことで心の視界が広がり、気持ちが楽になれるのだと思います。

誕生花セラピーで得られる未来

「自分は自分でいいんだ」と自信を持って輝ける

誕生花セラピーで自分の性質を知ることで、「目に見えなかった魅力」を確認することができます。「自分は自分でいいんだ」と背中を押されることもあるでしょう。気づいていない魅力に気づき、輝き始めることもあるでしょう。

あなたには無限の可能性や魅力が詰まっています。しかし、「自分らしく輝きたいけど、まわりからどう思われるのか気になってしまう……」。こんな悩みを抱えている方も少なくありません。私も誕生花セラピーを考案する数年前までそう思っていたので、気持ちはよくわかります。目立たないように存在感を消したくて、地味なベージュやグレーの服しか着ていない時期もありました。

たとえば、集合写真を撮ったとき、真っ先に写りを確認するのは誰もが「自分自身」です。それだけ人は、「自分は他人からどう見られているのか」を気にしてしまうのです。ですから、自分が思っている以上に、まわりの人も、「自分がどう思われているか」に必死で、あなた自身を見ている余裕はないこともあります。

あなたは、あなた自身が自分らしく輝くことを大切にしてください。**一人一人、「魅力の花」という名の光が灯ると、地球が大きく輝きます。**自分らしく輝くことに遠慮はいらないのです。

あなたがあなたらしく光り輝くことで、あなたの輝きを見て、勇気や癒やし、幸せをもらう人もいます。**あなたらしい輝きが大きければ大きいほど、遠くまで照らして多くの人に光を届けることができます。**

繊細な人ほど個々の違いに納得し、楽になれる

昨今、よく聞くようになった「HSP（Highly Sensitive Person 感覚が非常に敏感な人）」。実は私もかなりのHSP気質です。

数秘術と出会う以前は、日常を過ごすだけでエネルギーを消耗し、疲れてしまうようなことも、長い間ありました。今でもHSP気質は消えていませんが、数秘術や誕生花セラピーで自分や他者の性質を知ったことで、上手につき合えるようになり、かなり楽になれました。

実は、自分が無意識にしている我慢に気づけないこともあります。誕生花セラピーで自

分の性質を知ると、「自分が無意識に我慢、無理をしていた」ことにも気づくきっかけとなります。日々、好きなことよりもいやなこと、苦手なことをしていると、よりエネルギーを消耗してしまいます。やりたくないこと、我慢していることを、小さなステップでいいので減らしてみると、さらに楽になっていけるでしょう。

自分と他者の性質を知ることで、自分がどのような人間かを知り、受け入れる準備ができます。そして他人を知ることで、見えないエネルギーの波動（雰囲気や空気感）を必要以上に感じ取る「取り越し苦労」が減っていくでしょう。

新たな自分に気づき、人生の幅が広がる

たとえば、「自分には行動力がないから」などと思ってしまうことってありますよね。私もそうでした。私の生まれた日にちが23日で、発芽（56ページ）は、「5チューリップ」なのですが、初めて数秘術と出会ったとき、こう言われました。「とても自由が好きで、旅行や移動も好きですね」。

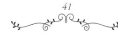

私はもともと、乗り物酔いをしやすく、乗り物が苦手で移動も苦手……。最初は「当たっていないな」と思いました。しかし、数か月後、ふと言われた言葉が頭をよぎりました。「も

し、乗り物酔いをしない体質だったら、思いっきり自由にどこでも旅行に行きたい！」本当の自分の心の声に気づけた瞬間でした。自分の運転だったら乗り物酔いもしないし、移動が苦手というのは乗り物の種類によるだけで、本当は移動や旅行も好き！ それに気づいてからは、もともと車の運転が好きだったこともあり、自分の運転で全国どこでも行くようになりました。

「自分には行動力がない」と思っている方がいた場合、「ある特定のことにはパッと行動ができる」ということもあります。行動力といっても、大きなことばかりではないのです。気になることに問い合わせのメールをしてみる。友人に聞いてみる。本で調べてみる。それらも立派な行動力です。

自分の中にある「行動力」という定義のハードルを少し下げてみませんか？ きっとあなたが思っている以上に「できている」ことに気づけるでしょう。

ある受講生さんは誕生花「1ひまわり」でした。彼女は「人前に出ることが苦手」と思っていましたが、「1ひまわり」の解説を知り、「本当は人前に出て何か伝えることがしたいのだ」と、気づくことができました。そして誕生花セラピーの認定講師となり、「教えることや人前に出ることが楽しい！」と思える自分に気づきました。その後彼女は、本来の自分の才能が発揮され、専門学校の先生として活き活きと仕事をするようになっています。

あなたの無限の魅力に気づくことができる

私は以前、吉方位旅行で福井に行ったことがあります。車を運転していると、山間《やまあい》から白色に光が混ざったような銀色の、神々《こうごう》しい雲が見えました。どんどん道を進んでいくと、一気に視界が広がりました。そのとき、先ほど見た神々しい雲は、実は予想を超えるほどの巨大な大きさだったのです！　空一面に広がった雲の、端から端まで見えたときの光景は、今でも感動とともに胸に焼きついています。私が山間から見た雲はほんの一部分にすぎなかったのです。

同じように、あなたの持っている魅力は、自分が思っているよりも大きいと、見えなくて気づけないこともあるかもしれません。あなた自身が気づいていない無限の魅力を知ってみませんか？　**本来あなたは想像以上の魅力を持って生まれているのです。**

宇宙からの幸せのサインに気づける

誕生花セラピーは数秘術をベースにしています。数秘術で数字の意味を意識するようになると、日常で数字のシンクロニシティがうんと増えてきます。実際、私自身も数秘術と出会ってから、祖父のことで大きな真実に気づき、人生が好転しました。

日常でも、車のナンバー、デジタル時計の数字、レシートの数字、ホテルの部屋番号、新幹線の座席の番号、など多くの数字のメッセージを受け取ることが楽しくなりました。なぜか目に入る車のナンバーが、「1111」「8888」が続いたり、ふと目が覚めると「5：55」だったり、自分の誕生花の数字をよく目にするようになったりと、数字のシンクロニシティを日常で目にすることが多くなりました。実は、**数字のシンクロニシティは、宇宙からの祝福のサインなのです！**

宇宙はあなたに、祝福のサインを送っています。あなたは祝福に導かれているのです。どんなことがあっても愛と祝福は止むことなく、降り注いでいます。ただ目に見えないだけで、数字を通してサインを送ってくれているのです。数字のシンクロニシティと直感に沿って自由に動いてみてください。恐れることはありません。もし違っていたら、また新しい数字のサインがやって来るでしょう。そうしたら、また別のほうに動いていくだけでいいのです。ただそれだけのことです。どれだけ回り道のように見えても、すべては幸せにつながっています。**どれだけつらく苦しいことも、幸せにつながっているのです。今、この瞬間も、宇宙はあなたを幸せにするために愛と祝福を注いでくれています。**

Column

「9の不思議」

9という数字は、数秘術において「リセット」という意味があります。哲学者のように物事を広い視点で多方面から見ているので、本質を見抜く力もあります。あらゆる出来事の根本から「そもそも」と、これまでの流れをくつがえし、白紙にするような着眼点があることも特徴です。

そんな「9」の数字の原理にぴったりの、不思議なことがあります。一桁の足し算で「9」が出てきた場合、最後まで一桁にしていくと「9」に何を足しても元の数字に戻ります。

たとえば、5+9=14

の場合、さらに一桁になるまで足します。

1+4=5

9に何を足しても元の数字に戻るのです。

Column

例
③＋９＝12　１＋２＝③
⑥＋９＝15　１＋５＝⑥

※補足　誕生花セラピーでは、二桁（11、22、33）は、一桁にして９を足します。

例
「11」の場合　１＋１＝②　２＋９＝11　１＋１＝②（２に戻る）
「22」の場合　２＋２＝④　４＋９＝13　１＋３＝④（４に戻る）
「33」の場合　３＋３＝⑥　６＋９＝15　１＋５＝⑥（６に戻る）

第2章

誕生花を知る

自分を知ることは自分を愛すること。
自分を愛することは他者を愛すること。
私たちは一つ。国や年齢、性別を超え、
愛を感じるハートは一つ。

誕生花セラピーと数秘術

数秘術の歴史と背景

数秘術の歴史をひもとくと、起源はギリシャ時代の哲学者・数学者ピタゴラス（Pythagoras 紀元前年５８２- 紀元前４９６年）までさかのぼります。しかし、ここで誤解がないようにお伝えしたいのですが、ピタゴラスが数秘術をつくったというのは完全に正解ではないのです。ピタゴラスは数秘術の「数の原理」を提唱しており、人間の生年月日にあてはめて数秘術を使用したわけではないからです。

実際のところ、ピタゴラス自身は著作を残していませんが、その教えの影響を受けたピタゴラス主義者たちは、その後も、数をベースにした形而上的《けいじじょうてき》な思想を受け継いでいきました。その中でも数と音と天体の関係に基づく「天球の音楽」という考え方は、後の神秘思想に大きな影響を及ぼすことになります。

一方で中世の時代、一部のユダヤ教徒たちは、「カバラ」と呼ばれる思想を発展させました。カバラの中でも、数は重要な原理として使われていました。特に数と文字の関係を重視し、それら相互の関係を基にした聖書の複雑な解読方法を発展させました。中でも、「ゲマトリア」と呼ばれる数と文字を変換する方法は、現代の数秘術の発想の基になっています。ただし、生年月日や名前を基にして、その人を分析するという実践は、ユダヤ教のカバラでは行われていません。

生年月日や名前を基にした現代の数秘術は、こうした古くからあるピタゴラス思想とカバラの影響を受けながら、20世紀になり、近代という時代の求めに応じて、新たに生み出されたものなのです。

現代で一般的にいう「数秘術」は20世紀初頭、アメリカの女性、L・ダウ・ヴァリエッタ氏（1847-1929）により、人間に当てはめた数秘術（現代数秘術：Modern Numerology）が発展していきました。当時のアメリカでは、現代でいう「ポジティブシンキング」の源流ともいえる「ニューソート（New Thought）」という思想が流行していました。その流れも受け、ヴァリエッタ氏の人間に当てはめた数秘術は、ポジティブで「より前向きに生きていくツール」として発展していきました。

のちに、その流れを引き継ぎ、ジュノー・ジョーダン氏（1884-1984）らが数秘術の活動を拡げていきました。

※数秘術の歴史に関して、占い・精神世界研究家の伊泉龍一先生のご協力をいただきました。

✻数秘術は「人生をよりよく生きるツール」

このジュノー・ジョーダン氏から直系で引き継がれ、学ばれた、アメリカのルース・A・ドライヤー氏とオンラインでお話しさせていただく機会がありました。彼女は数秘術にスピリチュアルの要素を合わせ「より幸せに生きるツール」として、たいへん愛にあふれた数秘術を伝えています。

オンラインで彼女と初めて話したとき、私が「数秘33についてはどう思われますか？」と質問すると「joyful！　あなた自身を見ればそれがわかるでしょ」と、私がドライヤー氏と初めて出会って、うれしい思いが画面越しにあふれている様子を見てそう言ってくれました。

また、私が世界的数秘術師キャロル・アドリエンヌ氏の通訳である女性から数秘術の講座を受けた際も「キャロルは数秘術を、単なる占い統計学ではなく、人生をよりよく生きるためのツールだと考えている」と話してくださいました。

誕生花セラピーの数秘術は、このように壮大な歴史を経て、数秘術師（Numerologist）より伝承されている伝統的数秘術の基本を尊重したうえで、さらに、現代の時代背景に合わせた独自の解釈を取り入れています。

❀誕生花セラピーは他の数秘術と何が違うの？

一般的に数秘術は生年月日と名前を使用しますが、流派により生年月日のみを使用することもあります。本書でご紹介する誕生花セラピーは生年月日のみを使用します。また、生年月日の計算方法においても流派によりさまざまです。誕生花セラピーでは、生年月日をそれぞれ一桁にして足していく方法を採用しています。

扱う数字も流派や数秘術師により違いますが、本書でご紹介する誕生花セラピーでは、1～9（ルートナンバー）、11、22、33（マスターナンバー）を使用しています。

計算する前にお伝えしたいこと

誕生花セラピーで使用する数秘術の数字

誕生花セラピーでは数字１～９、11、22、33を使用します。

数秘術では、１～９の一桁を「ルートナンバー」、11、22、33の二桁を「マスターナンバー」といいます。

11は「1+1=2」となり、「2」の要素もあります。
22は「2+2=4」となり、「4」の要素もあります。
33は「3+3=6」となり、「6」の要素もあります。

マスターナンバーの**「11」「22」「33」が出た場合は、「2」「4」「6」の解説も参考になさってください。**

「根」を算出する際に、「誕生花」と「発芽」を足しますが、その際、**マスターナンバーは一桁にして足します。**
（例）11…1+1　22…2+2　33…3+3

誕生花	メインとなる花。生まれ持った性質・人生の生き方
発芽	表に出やすい得意分野。 誕生花を補うキーワードにもなる。
根	もう一人のあなた。時間が経つにつれ出やすい。 いざというときにも出やすい性質。

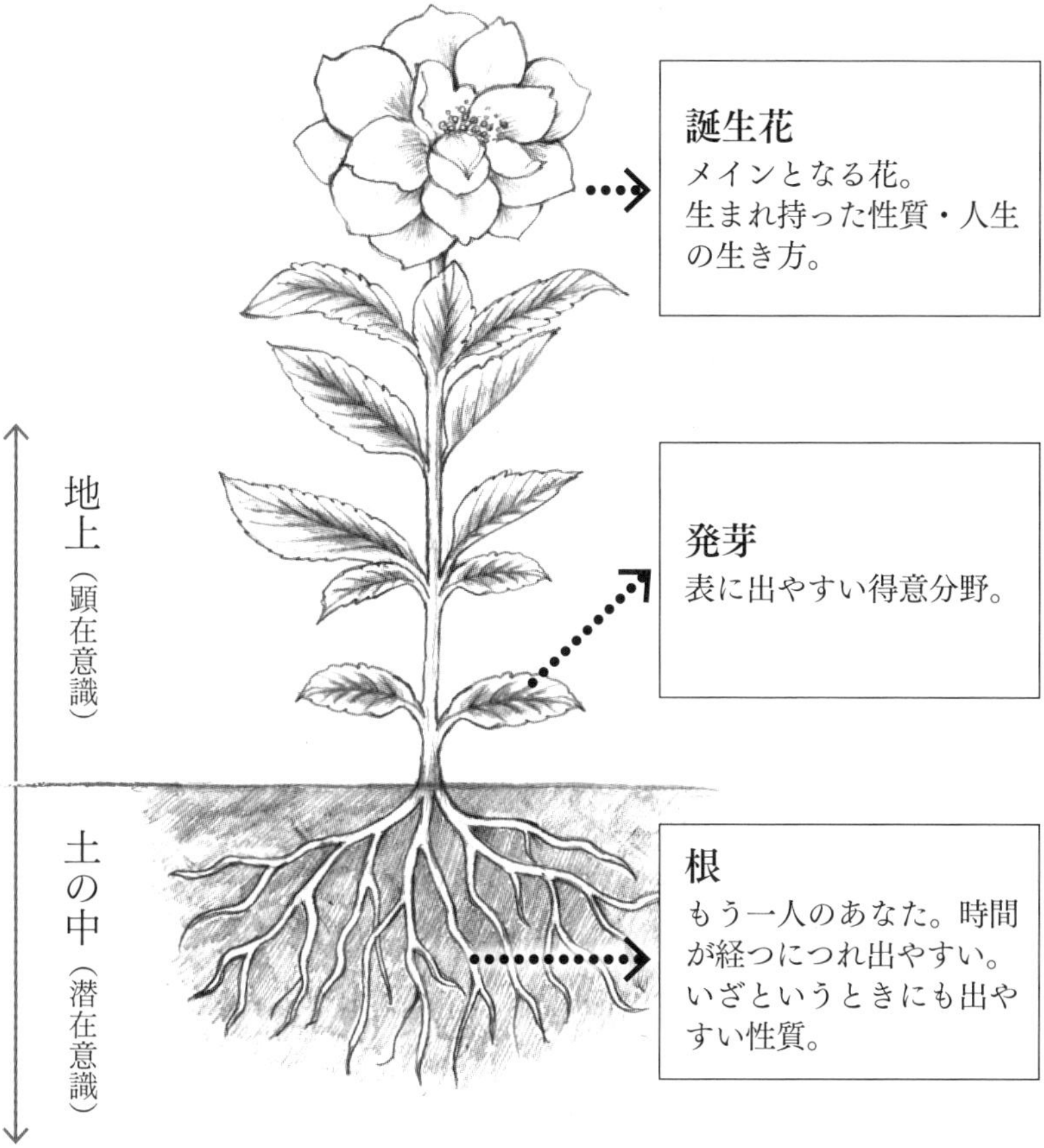
誕生花
メインとなる花。
生まれ持った性質・人生の生き方。
発芽
表に出やすい得意分野。
根
もう一人のあなた。時間が経つにつれ出やすい。いざというときにも出やすい性質。
地上（顕在意識）
土の中（潜在意識）

◆「誕生花」「発芽」は地上に出ていて、外側から見えている。
個人差はあるが、その人の「顕在意識」を表わす。

◆「根」は土の中に埋まっていて、外側から見えない。
個人差はあるが、その人の「潜在意識」を表わす。

それでは、実際にご自分の誕生花・発芽・根を算出してみましょう！

計算方法

西暦の生年月日を使用します。

3Stepあります。

Step1　誕生花を計算しましょう
Step2　発芽を計算しましょう
Step3　根を計算しましょう

Step 1 誕生花

生年月日を一桁にして足した合計数

※ただし、11、22、33が出たら一桁にしないで二桁のままにしておく。
※算出した数字を次のページの誕生花合計数一覧表でも確認できる。

●例　Aさん：1966年12月5日生まれ

1+9+6+6+1+2+5=30 ← 合計数「30」を次ページの表で確認できます。

さらに一桁になるまで足す。　3+0=3　　Aさんの誕生花は「3ガーベラ」

●例　Bさん：1975年3月13日生まれ

1+9+7+5+3+1+3=29 ← 合計数「29」を次ページの表で確認できます。

さらに一桁になるまで足す　2+9=11

11、22、33は一桁にしないでそこでストップ。　Bさんの誕生花は「11蓮」

●例　Cさん：1983年1月29日生まれ

1+9+8+3+1+2+9=33

11､22､33は一桁にしないでそこでストップ。　Cさんの誕生花は｢33虹の花｣

※11は「2」、22は「4」、33は「6」の要素もあるため、「2」「4」「6」の解説も参考にする。

誕生花合計数一覧表

1 ひまわり	10、19、28、37、46
2 かすみ草	20
3 ガーベラ	12、21、30、39、48
4 クローバー	4、13、31、40
5 チューリップ	5、14、23、*32、41
6 カーネーション	6、15、24、42
7 カラー	7、16、25、*34、43
8 ダリア	8、17、26、35、44
9 椿	9、18、27、36、45
11 蓮	11、29、38、47
22 胡蝶蘭	22
33 虹の花	33

※ 32（5 チューリップ）と 34（7 カラー）は誕生花セラピー独自の解釈があります。詳しくは 120 ページ（32）、または 145 ページ（34）を参照してください。

数字	花の名前

①あなたの誕生花は

例：　5　チューリップ

Step 2 発芽

生年月日の「日にち」を使用

※１日～９日生まれの一桁の場合、その数字がそのまま発芽。

※10日～31日はそれぞれを一桁にして足した合計数が発芽。

※ただし、11日、29日は一桁にせず「11」、22日は一桁にせず「22」。
発芽に「33」はない。

●例 Aさん：5日生まれ

Aさんの日にちは5日・・・そのまま「５」 Aさんの発芽は「５チューリップ」

●例 Bさん：13日生まれ

Bさんの日にちは13日　1＋3＝4　Bさんの発芽は「４クローバー」

●例 Cさん：29日生まれ

Cさんの日にちは29日　2＋9＝11

※11、22はそこでストップ　Cさんの発芽は「11蓮」

※11は2、22は4の要素もあるため、2および4の解説も参考に。

Ⅱあなたの発芽は

数字	花の名前
例：3	ガーベラ

**さらに、次ページの一覧で
発芽キーワードをチェック！**

●誕生花はさらに発芽キーワードをつけて、細分化できます。

「発芽キーワード一覧」で発芽のキーワードを確認。誕生花の前にキーワードをつける。

発芽キーワードをつけると、より誕生花のキャラクターがイメージできて楽しくなりますね♪

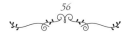

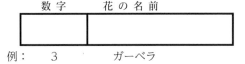

発芽キーワードつき一覧

発芽	発芽キーワード	日にち
1ひまわり	まっすぐな	1日、10日、19日、28日
2かすみ草	サポーターな	2日、20日
3ガーベラ	無邪気な	3日、12日、21日、30日
4クローバー	こだわりの	4日、13日、31日
5チューリップ	自由な	5日、14日、23日
6カーネーション	優しい	6日、15日、24日
7カラー	職人肌の	7日、16日、25日
8ダリア	パワフルな	8日、17日、26日
9椿	大人な	9日、18日、27日
11蓮	不思議な	11日、29日
22胡蝶蘭	存在感のある	22日

●例　Aさん：発芽「5チューリップ」なので

発芽キーワードは「自由な」
誕生花は「3ガーベラ」なので
発芽キーワードつき誕生花は「自由なガーベラ」

●例　Bさん：発芽「4クローバー」なので

発芽キーワードは「こだわりの」
誕生花は「11蓮」なので
発芽キーワードつき誕生花は「こだわりの蓮」

●例　Cさん：発芽「11蓮」なので

発芽キーワードは「不思議な」
誕生花は「33虹の花」なので
発芽キーワードつき誕生花は「不思議な虹の花」

発芽キーワード ＋ 誕生花

あなたの
発芽キーワードつき
誕生花は

例：　優しいダリア

Step 3 根

「誕生花」と「発芽」を足した合計

※二桁は一桁にバラして足す。
※ゾロ目「11」が出たらそこでストップ。
※「根」は計算上「22、33」は出ない。

●例　Aさん：1966年12月5日生まれ

誕生花「3」発芽「5」
根：3＋5＝8
Aさんの根は「8ダリア」

●例　Bさん：1975年3月13日生まれ

誕生花は「11」発芽「4」 ※二桁は一桁にバラして足す
1+1+4=6 Bさんの「根」は「6カーネーション」

●例　Cさん：1983年1月29日生まれ

誕生花は「33」発芽「11」 ※二桁は一桁にバラして足す
3+3+1+1=8 Bさんの「根」は「8ダリア」

Ⅰ□　＋　Ⅱ□　＝　Ⅲ□

あなたの誕生花の数字　あなたの発芽の数字　あなたの根の数字

※11、22の二桁は一桁にバラして足す　●例11は1+1　22は2+2

数字	花の名前

Ⅲあなたの根は

例：　8　ダリア

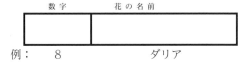

Column

「和暦をカンタンに西暦に変換する方法」

令和は018（レイワ）

数秘術では西暦を使用します。「昭和◯◯年生まれはわかるのだけど、西暦は何年だったっけ？」と戸惑うこともあると思います。そんなとき、とても便利な計算方法があります！

和暦に以下の数字を足すだけです。

昭和→25　平成→88　令和→018（レイワ！）

足し算した合計数の下二桁が西暦の下二桁の数字になります。令和は「018」まさにそのままレイワと覚えやすいですね！昭和25（ニコ）平成88（ハハ）と覚えるのもいいですね。たとえば、

◎昭和50年生まれの場合　50＋25＝75…1975年

◎平成2年生まれの場合　2＋88＝90…1990年

◎平成15年生まれの場合　15＋88＝103…2003年（100以上は2000年代）

◎令和元年生まれの場合　1＋018＝19…2019年

60ページへつづく

Column

ちなみに、明治→67　大正→11です。たとえば、

◎明治15年生まれの場合　15＋67＝82…1882年

◎大正14年生まれの場合　14＋11＝25…1925年

また、和暦に以下の4桁をそのまま足せば西暦の4桁が出せます。「明治1867」「大正1911」「昭和1925」「平成1988」「令和2018」。4桁を覚えるより、二桁を覚えたほうが便利ですね！

実は、この計算方法を知ったのは、私が社会人になり、大学へ図書館司書の資格を取得しに行った際に、授業で習ったのがきっかけでした。

本の奥付に、出版年が和暦で書かれているのを、書誌情報を登録する際に、西暦に変換が必要で授業で習いました。その頃は、数秘術と出会っていなかったので、まさかこのような形で役に立つ日が来るとは思ってもいませんでした。人生にむだなことはないって本当ですね。

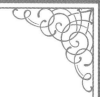

第3章

誕生花のストーリー

生まれてきてくれて、ありがとう。

1

ひまわり

花と数字の特徴

ひまわりはキク科の一年草で、原産地は北アメリカです。ひまわりの名前の由来は、「日廻《ひまわり》」で、頭花が太陽の進行方向につれて回るからといわれています。しかし、実際は頭花は回らない品種もあるそうです。例外としてシロタエヒマワリのように、品種によっては強い日向性を示すものもあるそうです。

和名は「ヒマワリ（向日葵）」で別名は、「ヒグルマ（日車）」、「ニチリンソウ（日輪草）」といわれます。学名は「*Helianthus annuus* L.」。英語で「Sunflower」、フランス語では「Tournesol」などと呼ばれます。ひまわりは、寛文6年（1666）日本に渡来したとされています。

ひまわりの花が太陽の放射する幾筋もの光に似ているから「太陽の花」とも呼ばれています。ひまわりの鮮やかな黄色が太陽のようで元気になれますね。

数秘術の「1」は、始まり、リーダー、目立つ、自主性、勇気、真っ直ぐ、ピュア、正義感といった意味があります。また、「1」に一つずつ数字が加わると、「2、3、4……」と数が増えていきますね。「1」という数字は他の数字が加わることのない、混じり気のない数字です。このことからも「1ひまわり」には純粋、シンプルという意味があります。真っ暗闇の「無」から一点の「光」が生み出されたのが「1」の原理です。ですから、一点の光が輝くように自然と目立つこともあります。「0」から「1」を生み出す力があるため、ひらめき力に優れ、オリジナリティあふれる創造をする力もあります。

数字の「1」の形も、真っ直ぐ直線的です。数字の「1」の形のように、真っ直ぐで裏表がなく、曲がったことが嫌いなところもあります。

基本的な性質・魅力（誕生花、発芽、根共通）

明るく真っ直ぐ純粋な魅力

真っ青な空に、元気いっぱい真っ直ぐに咲くひまわりを思い浮かべると、空の青と花の黄の鮮やかな色合いに、元気が湧いてきます。ひまわりは、**真っ直ぐで裏表がなく、子どもらしい純粋なところが魅力**です。

太陽のように明るく元気、前向きな魅力が、ひまわりの鮮やかな黄色のように、まわりの人たちをパッと明るく元気にしてくれます。あなたのその屈託のないピュアな笑顔、純粋で真っ直ぐなところに、どれだけまわりの人が元気をもらっていることでしょう。

✤優しい正義感あふれるタイプ、実は寂しがりやの面も

自分ではそんなつもりがなくても、不思議と目立つ存在で、気がつけばまわりから頼りにされることもあるでしょう。

元気なイメージのあるひまわりさんですが、実は人知れず、小さな不安や寂しさを抱えていることもあります。本当は少し気持ちが揺れる出来事でも、「大丈夫、平気」と我慢して、いわゆる長男長女的な、頼りになる存在であろうとします。「自信のないところや、弱みを見せてはいけない……」と思いやすい傾向があります。

しかし、それは「まわりの人を不安にさせてはいけない、守りたい」という正義感が根底にあるからでしょう。「つい強がってしまう」と自分を責めないでくださいね。それは、ひまわりさんなりの「愛と優しさ」なのですから。

また独立心があり、先頭を歩きながらも、ふと振り返ると「誰もついてきていないのではないか」という不安も、同時に心の奥底で抱えています。

✤教え上手で曲がったことが嫌い、おだてに弱いかわいい一面も

情が深く包容力があり、愛にあふれた人です。自分自身があいさつや礼儀、上下関係などに律儀で、大切にしているので、そうではない人を見るとつい厳しくなってしまうことがあります。体育会系の部活にいる厳しい先輩のような面があるかもしれませんが、純粋

で曲がったことが嫌い、裏表のない性格ゆえの長所といえるでしょう。教えることが上手なので、自分を慕ってくれる人や、年下の人をよくかわいがります。つい奢りすぎてしまったり、少し見栄を張ったりしてでも、他人を守るようなところは人情味にあふれ、頼りになる存在です。

自分が心から尊敬できる上司や目上の方でない場合、嫌悪感を示しやすいところがあるでしょう。どちらかというと、自分自身が教えるのが好きで上手なので、尊敬できない相手から、上から目線で指示されることを苦手と思う方もいるでしょう。

自分自身も理想の上司、理想の目上の存在でありたいという思いが強いぶん、無意識に、理想の上司像、目上の方の理想像では、ハードルが高くなる傾向があります。そのような自分や他人にも礼儀正しくありたいという少し厳しさもある反面、褒められるのも好きで、おだてに弱いかわいらしい一面も魅力です。ささいなことでも褒められると、もっと頑張れるタイプです。

✤不思議と目立つ存在

ひまわりさんは、力のある美しい目が印象的。オーラが大きく、華があるタイプの方が多いです。目立つ存在であることから、影響力が大きく、ひまわりさんが持っているもの、していることなどが憧れの対象となり、真似されやすいほどの魅力も持っています。しかし、ひまわりさんは、他の人がまだ持っていない、していないことが好きなので、他人に真似された途端、自分はそれを止め、自分だけの新しいもの、ことを見つける才能を持っています。

❖ひらめき、思いつきが来たら、とりあえずやってみる

数秘術の「1」は、真っ暗の闇にある一点の光を示しています。これは、赤ん坊が母親の胎内から生まれた瞬間、暗闇から光の世界に生み出されることにもたとえられます。このように、「これまでなかったものが生み出される」という創造の才能を持っているのです。何もない状態から「あっ！ そうだ！」とひらめきます。よくひらめきの様子をアニメにすると、電球がピカッと光ったように表されますね。まさに、ひらめいた、思いついた瞬間は、ピカッと光っている状態です。そして、ひらめき、思いつきを深く考える前に、「とりあえず、やってみる」ことがポイントです。「1」は混じり気のない純粋な数字で、スタートの数字でもあります。「最初の一歩」を軽やかに踏み出すことが大切です。

❖一番が好き！ 負けず嫌い

先ほどもお話ししましたが、ひまわりさんは真っ直ぐ太陽に向かって咲く、数字の「1」のような花です。ですから、一番が大好きで、負けず嫌いな方も多いです。少し強がって

しまうところや、あまのじゃくな一面があり、上手に甘えられないところがあるかもしれません。普段はおおらかでも、ある特定の場面やことになると、なぜか負けず嫌いが顔を出し、熱くなります。生まれたての赤ちゃんのように純粋無垢で無邪気な面もあるので、ちょっとしたゲームや子ども相手でも、「負けたくない」と一生懸命になるかわいらしいところもあります。

しかし、負けず嫌いはスポーツや仕事など、競争や勝負が必要な場面では、大いに味方になってくれます。目標に向かって、持ち前のバイタリティーで力強く進んでいけます。

勝負が必要な場面とそうでない場面で、「負けず嫌いのコントロール」ができるようになると、より楽に自分らしく歩んでいけるでしょう。いつも無意識に自分やまわりと競い、闘ってエネルギーを消耗し、疲れてしまうことを防げるようになれます。

こんな受講生のエピソードがありました。北海道から講座に通ってくれたAちゃんは、誕生花「ひまわり」の、目鼻立ちのはっきりとした美人さん。ピュアで可憐な魅力も持ち合わせている華のある女性です。講座中に誕生花「ひまわり」の話になったとき、こう話してくれました。

「いつも通勤途中に歩いているとき、私を早足で追い越していく人がいやで……。意味もなく、負けないように必死で抜かされないように張り合って早足で歩いていました」。A

ちゃんはひまわりの負けず嫌いの解説を聞いて、「なんで、そんなことで必死になっていたのだろう」と、屈託のない笑顔で話しながら、肩の荷が下りたようでした。それ以来、通勤も自分のペースで歩けるようになり、仕事でも必要以上に頑張りすぎることも減り、楽になったと後日、話してくれました。

負けず嫌いが顔を出し、意味もなく闘ってエネルギーを消耗してしまうことがある方は、まず、自分自身で「今、勝ち負けにこだわっている」と気づくことが大切です。そして、「負けず嫌いが強く出すぎているな」と気づいたときは、**「負けるが勝ち」**で勝つというのはいかがでしょうか（笑）？　あなたが勝っても負けても「大丈夫！　あなたの価値や魅力は変わらない」のですから。

✖「リーダーが苦手なタイプ」と「ザ・リーダータイプ」の大きく二つに分かれる

数秘術の「1」には「リーダー」という意味もあります。私が数秘術を始めた2008年から、これまで多くの方と接する中で、どうしても数秘術の「1」の「リーダー」というタイプの方と、そうでないタイプの方の差が大きいことが心に引っかかっていました。ある受講生は「数秘で1はリーダーと言われて、苦手なのにリーダーをやらなくちゃいけないのかと思って、数秘術がいやになりました」と話してくれました。その後も、数名の方から同じような話を聞きました。私はそれを聞くたび、とても残念な気持ちになりました。時代の移り変わりとともに、少しずつ数秘術の解説の表現方法を私なりに伝えていくことも大切なのかもしれない。そう思うようになりました。

「1ひまわり」さんは、リーダーシップについて、大きく二つのタイプに分かれます。

一つは、**「リーダーが苦手な目立ちたくないタイプ」**もう一つは**「ザ・リーダータイプ」**です。「数字と花の根拠」でお話ししたように、ひまわりの頭花は品種によって、太陽の進行によって回るものと回らないものがあります。また、大地に背丈の高いしっかりとしたひまわりと、ベランダで可憐に咲く小ぶりのひまわりなど、品種によって咲き方もさまざまです。そこには、違いがあるだけで、良い悪いというのはいっさいありません。「リーダーが苦手な目立ちたくないタイプ」「ザ・リーダータイプ」どちらも良い悪いは関係ありません。もちろん、どちらにもはっきりと当てはまらない方もいます。時と場合によって、どちらかになるという方もいます。一人一人に、ただ違いがあるだけで、すべて素晴らしい「個性の魅力」です。それでは、「リーダーが苦手な目立ちたくないタイプ」「ザ・リーダータイプ」の違いについてお話ししていきましょう。

✤リーダーが苦手なタイプ（傷ついた花の奥に、可憐な眠れるリーダーシップの花）

「リーダーが苦手なタイプ」の方は、もしかすると過去に目立つことで傷ついた経験があるのかもしれません。子どもの頃、学級委員やリーダー的役割をしたことで、つらい思いをしたことはありませんか？

実際、誕生花セラピーの受講生も講座中、「小学校の頃、学級委員をしていて、目立っていたからか、いやなことを言われ、それ以来、目立つことが怖くなりました」という方も多くいます。そんな方へは、「過去の傷ついた心は、あなたを輝かせる魅力となっています。安心して手放してみましょう」と伝えています。過去のつらい経験がそうさせているだけで、本来のあなたには「リーダー」になる才能が眠っていることがあります。

今の時代、先頭に立って、引っ張っていくだけがリーダーではありません。後ろからサポートしながらみんなをまとめ、力になれる、そんなリーダーシップもあるのです。リーダーというと、プレッシャーを感じるかもしれませんが、「あなたなりのリーダー」を無理なく楽しんでみませんか。講座中もそう話すと、「リーダーが苦手なタイプ」のひまわりさんは、顔がパッと明るくなり、輝きを増します。

「リーダーが苦手なタイプ」のひまわりさんは、自己主張は控えめで、まわりに合わせようと心配りができるタイプの方です。

✤ザ・リーダータイプ（大輪の鮮やかな花を咲かせながら、弱者を助ける正義の花）

「ザ・リーダータイプ」の方は、一見、堂々として大人っぽく見られることがあるかもしれませんが、やはり内面はとてもピュアで、子どものように真っ直ぐな方が多いです。「ザ・リーダータイプ」の方は、圧倒的な光を放つ目立つ存在です。キャリアウーマンタイプで、格好よさもあります。堂々としていて、自信にあふれているように見えます。人から相談されることも多いでしょう。自分の意見も臆することなく言える方も多いです。率直な発言で信頼を集めます。女性でも生涯仕事を続けたい方も多く、独立心があります。

私の友人の「ザ・リーダータイプ」のひまわりさんは、習い事に行っても、「先生に間違えられる」と言っていました。それくらい、リーダーのオーラがあるのです。しかし、その凜とした強さが、真逆のタイプの方からすると、憧れでもあるのですが、少しだけ強く感じてしまうことがあるかもしれません。

少しだけ弱みやユーモアを見せてもらえると、まわりの人はよりあなたに親近感が増し、「力になりたい！」と慕ってくるでしょう。より親しみやすく感じてもらえ、リーダーとしてのコミュニケーションがもっと楽になるかもしれません。負けず嫌いやプライドの高さがストレスの原因となりうるので、どっしりと構えて大輪の花を咲かせていてください。

❀バランスを崩すと

バランスを崩し、エネルギーが過剰になると、一人で突っ走りすぎて、振り返るとまわりがついてきていなかった……と、孤立してしまうことがあるかもしれません。突っ走るエネルギーも必要ですが、常にアクセル全開では息切れしてしまいます。

一人ですべての責任感を背負おうとしていませんか？　肩の力を抜いて、深呼吸してリフレッシュの時間を取ってみませんか。「人に頼ってはいけない、甘えてはいけない」と、自分にプレッシャーを課すこともあります。

そのほか、自己主張が強くなりすぎたり、負けず嫌いが強く出てがんこになってしまったり、ストレスを感じやすくなったりすることもあります。頼ってくる人を全員助けようと、頑張りすぎないようにするとよいでしょう。

バランスを崩し、エネルギーが不足した様子は、ひまわりが元気をなくし、下を向いてしまっている様子に似ています。下を向き、猫背になり、「私なんて……」と自分に自信を持てず、目立たないようにと、存在感を消そうとすることもあるでしょう。目立つことへの恐れが特に強くなると、本来あなたの素晴らしい長所である、真っ直ぐな想いを我慢して言えず、抑えてしまうこともあるかもしれません。気づかぬうちに自己評価が低くなり、周囲に合わせてしまうことも。しかし、負けず嫌いな面も根底にあるため、葛藤したり、ストレスを溜めてしまったりすることもあるでしょう。年月とともに、周囲の人間関係も環境も、あなた自身も変化しています。少しずつ自分らしさを発揮してみましょう。

発芽と根が「ひまわり」の場合

＊発芽、根がひまわりの方も、基本的な性質、魅力はメインの誕生花「ひまわり」の解説と同じです。

「発芽」がひまわりの場合、子どもの頃に、自分では目立とうとしていないのに、不思議と目立ってしまうことがあったかもしれません。学級委員やグループのリーダー役などを、自然と任されることもあるでしょう。何事も飲み込みが早く、素早く理解し、行動できます。そのため、少しせっかちなところがあります。子どもの頃は、人前で歌ったり、踊ったりするのが好きだった方も多いのでは!? コミュニケーションにおいても駆け引きは苦手で、シンプルに直球、ストレートが好きなので、裏表なく信頼を得られます。

「根」がひまわりの場合、もう一人のあなたは、いざというとき自分の意見を相手に伝えられる、凛としたところが魅力です。表向きには、女性らしく穏やかな方も、そんなときは、男前な正義感で誰かを守ろうとすることがあるかもしれません。そのギャップがより魅力的に映り、人気が出ます。大切な人からの悩みごとの相談や、トラブルには頼りがいのある器量の大きさで、頼もしくまわりの人を助けられる人情派なところも魅力です。自立心もあり、一人でやり抜くパワーもあるでしょう。

✽ひまわりさんとのコミュニケーション方法

「リーダーが苦手なタイプ」の方の場合、無理にみんなを引っ張っていくリーダーを任せるのではなく、陰のリーダー的役割をお願いするとよいでしょう。基本的に、ひまわりさんは、頼られたり、困っている人を助けたいという優しいところがあります。お店を決めてくれたり、みんなの予定を上手に聞いてくれたり、優しい心遣いでみんなが喜んでくれることが好きです。

「ザ・リーダータイプ」の方の場合、なるべく素直に、尊敬する気持ちを持って接するとよいでしょう。必要以上に強がったり、競ったりすると相手は敏感に察知して、ライバル意識がより強くなってしまいます。慕ってくれる人や後輩はとことんかわいがるので、仲よくしたいなら、素直に相手の素敵なところや尊敬していることを伝えるとよいでしょう。

誕生花「1 ひまわり」の有名人（敬称略）

明石家さんま　矢沢永吉　小泉進次郎　スティーブ・ジョブズ　黒澤明　宮崎あおい
上戸彩　上沼恵美子　小泉今日子　浜崎あゆみ　レディー・ガガ　谷亮子　前田敦子

2 かすみ草

花と数字の特徴

かすみ草はナデシコ科の一年草で、原産地は中央アジアのカフカス地方（コーカサス地方）です。かすみ草の名前の由来は、白い花を枝いっぱいにつける様子を遠くから見ると、ふんわり霞《かすみ》がかったように見えるからといわれています。

和名は「カスミソウ（霞草）」で、別名は「ムレナデシコ（群撫子）」です。学名は「*Gypsophila elegans* M.Bieb.」。英語で「Gypsophila」「Baby's Breath」、フランス語では「Gypsophile」などといわれています。

19世紀にヨーロッパに伝えられ、日本には大正初期に渡来したとされています。かすみ草の茎は細かく分岐し、繊細で折れやすいのも特徴です。他の花を引き立てるだけでなく、かすみ草だけでも存在感がある花束になり、人気の花です。英語で「baby's breath（赤ちゃんや愛しい人の吐息）」）といわれるのも、まさに優しく繊細なイメージが、かすみ草そのものですね。

数秘術の「2」は、つながり、協調性、サポート精神、繊細、共感力、芸術的、癒やしといった意味があります。また、「陰陽、白黒、月と太陽、男と女」といった二極の差異化を表します。

先ほど「1」は、真っ暗闇の中の一点の光を表すとお伝えしました。「1」の点が二つになり、2点になると、点と点を線で結ぶことができるようになります。「1」の一点だけでは線にすることは不可能です。点が二つあることで、点と点をつなぎ、線になることから、「2」は人と人をつなぐ、協調性といった意味もあります。このことから「1」とは対照的で、目立つよりもそっとサポートするという意味もあります。「1」が個として始め、それを「2」がつなぎ支えています。

数字の「2」の形も曲線的で女性性を表します。数字の「1」の直線的な形の男性性と対照的で、柔らかい印象があります。

＊基本的には「2かすみ草」ですが「1＋1＝2」なので「11蓮」の影響がある方もいます。「2かすみ草」では自分が小さく感じられる方は「11蓮」の解説も参考になさってください。

基本的な性質・魅力（誕生花、発芽、根共通）

癒やしの雰囲気とサポート力の優しさが魅力

白く小さい可憐な花をたくさん咲かせる優しい印象のかすみ草。白く霞みがかったように見えることから「かすみ草」といわれているように、淡い水彩画のような**癒やしの雰囲気と優しさが魅力**です。また、かすみ草は花束になったとき、他の花のすき間を埋める役割もあります。そっとどんな花にもなじみ、引き立ててくれます。このように、かすみ草の方は、自然と他者をサポートできる魅力もあります。あなたのその相手を思いやる繊細な優しさに、どれだけまわりの人が癒やされていることでしょう。

✤自然と相手の心を察することができる癒やしの存在

特に意識しなくても、呼吸をするように自然と相手の心を察することができます。微細な相手の変化もキャッチして、いつも空気の繊細な変化を感じ取っているところもあります。相手やその場が心地よくなるよう、自然と調整役をしてくれます。まるで、空気をほんのりよい香りにして癒やしてくれているアロマセラピーのような存在です。

かすみ草は、真っ白な霞みがかったような柔らかく小さな可憐な花を咲かせます。自己主張をするより、そっと寄り添い、サポートしてくれるタイプです。

受容力があり、優しく「うん、うん」と話を聞くことも上手。相手の心にそっと寄り添い、共感し、子どもの頃から自然とカウンセラーのようなことをしているタイプの方もいるでしょう。

かすみ草だけの花束の存在感

先ほど、かすみ草は花束になったとき、他の花のすき間を埋める役割があるとお伝えしました。しかし、実はかすみ草だけを花束にしたものも華やかで、女性らしく人気があります。ふんわりとエアリー感のある真っ白な綿菓子のような、かすみ草だけの花束。かすみ草の方は、優しい雰囲気の中にも存在感があります。

それは相手を引き立てることで、相手を輝かせる気遣いをしてくれているから。そんな、あなたの優しい気遣いが、目立とうとしていなくても、逆に存在感を感じさせてくれているのです。気づけば、あなたが欠かせない存在となっていることもあるでしょう。

平和主義と天然な性格で愛されるタイプ

細やかな気遣いのできる感性と、争いが嫌いな平和主義なところもあるので、敵をつくらず、どんな人からも好かれる天性の魅力があります。そこにいてくれるだけで、空気が浄化されるような、優しい空気清浄機のような方です。

どこか天然でかわいらしいところもあるので、不思議と誰からも愛されるキャラクターです。場の空気が悪くなっても、おっちょこちょいで天然なところが発揮され、周囲の人を笑わせ、場を和ませてくれることもあるでしょう。

繊細な感性が魅力

想像力や感受性豊かな長所を、芸術や自分なりの表現方法でよいほうに拡大させていくと、才能がより発揮されやすいでしょう。繊細ゆえ、生きづらさがあるかもしれませんが、それを才能に変えていける力を持っています。他の人が気づかない、ささいな色合いの変化、音の微差に敏感で、細かい手作業なども特技として発揮しやすいでしょう。

また、男女問わず、女性向けのサービス、仕事に縁があるでしょう。どちらかというとハッキリとした鮮やかな色合いよりも、淡く繊細な色合いを好む方も多いでしょう。言葉や音楽、アートなど独自の感性で人々を魅了します。また、繊細な感性は物事の微差にも気づくことができます。

多くの人が、「これとこれは同じ」とくくるようなことも、かすみ草の方にとっては、「同じではない。まったく別物」と、違いを見つけることができます。繊細な色使い、言葉選び、音色の違いなど多くの人が気づきにくい違いを見出してくれる存在でもあります。

しなやかで忍耐強い

持ち前の粘り強さも魅力なので、それをよい面に活かしていきましょう。普通の人がすぐにあきらめるようなことも、忍耐強く取り組める、静かな強さも持ち合わせています。カラカラに乾燥した木の枝は、ポキっと折れてしまいます。水分を含んだしなる枝は、簡単には折れません。かすみ草さんも、しなる枝のような強さがあります。編み物のようにコツコツと続けて何かを完成させることや、語学や学校の勉強なども、やると決めたことはあきらめずに頑張れるタイプでもあります。表には出しませんが、裏で人知れず努力を積む、素晴らしい面があります。

✖「自分はどうしたいのか？」という自分軸を大切に

純粋で素直な面があるため、周囲の影響を受けやすいところがあります。周囲の人から「今、これが流行っていて、すごくいいよ！」と聞けば、影響を受けやすく、自分もすぐ取り入れたくなります。

環境の影響も受けやすく、周囲がピリピリとした雰囲気になると、自分も居心地が悪くなり、逆に、周囲が幸せな雰囲気に満ちあふれていると、自分も同じように幸せな気持ちになれます。このように、周囲の影響を受けやすいことから、自分よりも相手を尊重し、優先してしまうこともあります。

自分の思いや意見を置いてきぼりにして、相手の意見などを優先してしまうことはありませんか？　相手に決めてもらったほうが楽と思うこともあるかもしれませんが、相手を優先してばかりいると、相手に依存してしまうことになります。日頃から、「自分はどうしたいのか」という、「自分軸」を大切に意識するとよいでしょう。

もし、周囲の影響を受けすぎて疲れてしまったら、「あなたの心が安らぎ、心地よい世界は自分でつくれる」ということを思い出してくださいね。繊細で優しいあなたが、まわりに合わせすぎて、心をすり減らさなくても大丈夫な世界があるのですから。

✤パートナーシップが人生の中で重要

「2」には点と点をつなぎ、線になり、結ぶという意味があります。一人の人生よりも、パートナーシップが人生において大きなテーマとなります。結婚や、パートナーとともに過ごすことで人生がより開運し、幸せを感じやすくなります。持ち前の優しさ、サポート力が一人で生きるよりも、二人で生きたほうが発揮されるでしょう。

パートナーシップだけでなく、人とのつながりも大切にします。友人、家族といった身近な人からビジネスパートナーまで、幅広く大切にする温かい心の持ち主です。

✤女性性にあふれ、男性でもフェミニンな魅力

かすみ草さんは、男性でもどこかフェミニンな女性らしい感性を持ち合わせている方もいます。ソフトな人あたりで、相手の話もよく聞いてくれます。子どもの頃から身体の線が細く、柔らかい雰囲気の方もいます。しかし、男性の場合、「強くなりたい」と身体を鍛えて、繊細さと真逆な雰囲気を醸し出している人もいます。また、とても慎重派で細か

いところによく気がつきます。

私の甥っ子が2000年生まれで、発芽「2かすみ草」なのですが、子どもの頃から、じっとまわりを観察し、女の子のように優しく、癒やしてくれる存在でした。小学生から野球を始め、だいぶ、男の子らしくなりましたが、ベンチでサポートの応援役を果たし、チームメイトから愛されるキャラクターになりました。

✤影響力の大きい特別な20日生まれ

これまで、かすみ草さんは繊細で優しい、サポートするタイプとお伝えしてきました。実は、かすみ草さんの中にはエネルギーが大きく、特別な何かを持っている人もいます。生まれた日にちが20日の方です。優しくサポートするタイプでもありながら、多くの人に影響力を与える、エネルギーの大きさを持っています。とてもパワフルでスケールが大きく、豊かな感性で人々を魅了します。

✤2000年代生まれは、かすみ草の性質が強く出やすい

2000年以降生まれの方は、特に発芽、誕生花、根にある「2かすみ草」の性質が強く出やすい傾向があります。発芽と誕生花に「1ひまわり」「2かすみ草」を持っている

場合でも、2000年以降生まれの方は、「2かすみ草」の性質が強く出やすい傾向があるでしょう。1900年代は「1ひまわり」が全面的に出るエネルギーが流れていました。2000年は「2かすみ草」のエネルギーが流れています。

2000年に入ってから、ゆとり世代といわれ、人々と競争するよりも、調和して生きようという風潮になってきています。

誕生花の合計数「20」になるかすみ草は少ない

実は、誕生花が「2かすみ草」になる方は、かなり少ないです。特に1900年代生まれは少なく、2000年生まれになると少しずつ増えてきます。誕生花が「2かすみ草」になるには、生年月日を一桁に足した合計数が「20」になる場合のみです。他の数字のように二桁の合計数のバリエーションがないからです。また、「根」が「2かすみ草」も発芽と誕生花が「1ひまわり」の場合のみで、少なくなります。

バランスを崩すと

バランスを崩し、エネルギーが過剰になると、二極化が強く出やすくなります。つまり、好き嫌いや良い悪いなど、どちらか極端に傾く物事の見方をしてしまいます。普段は穏やかで優しいかすみ草さんですが、気づけば、ネガティブな物事に対して批判的で、毒舌化してしまうこともあるでしょう。必要以上に「敵・味方」を分け、取越し苦労をするかもしれません。

また、人に合わせるのが苦手なことがあります。繊細ゆえ、人と一緒にいること、人と関わることがおっくうに感じられることもあります。そんなときは、自然に触れるなどリラックスして、自分にも優しくするとよいでしょう。


バランスを崩し、エネルギーが不足すると、相手のエネルギーの影響を受けすぎて、心身ともに疲れ果ててしまうでしょう。自分をあとまわしにして相手のことを考える優しさは長所です。しかし、過度に相手に合わせすぎ、「優しくしなくては」と気を遣いすぎると、ある日突然、爆発してしまうかも……。あまり自分を抑えて我慢しすぎないでくださいね。

あなたの優しさ、繊細な思いやりは、十分届いています。

また、人一倍心配性の面や不安な思いが強く出てしまうこともあるでしょう。想像力が豊かなので、起きてもいないことを想像しがちです。「なんとかなるか」と楽観的な考えや、日頃から「自分自身も心地よい」という状態を大切にするとよいでしょう。

❁発芽と根が「かすみ草」の場合

＊発芽、根がかすみ草の方も、基本的な性質、魅力はメインの誕生花「かすみ草」の解説と同じです。

「発芽」がかすみ草の場合、子どもの頃から自分が一番と、でしゃばることはなく、その場の空気をよく読み、そっとサポートする優しい方が多いです。また、人の役に立つことが何よりの喜びと感じる方も多いです。少し迷いやすく優柔不断なところもあるので、強引に言われると素直に従ってしまうところがあるでしょう。重大な決断には相手の言いなりにならないよう、振り回されないようにするとよいでしょう。20日生まれの方は、「0」がつくことからエネルギーが大きく、パワフルな方が多いです。

「根」がかすみ草の場合、計算上「発芽1ひまわり」「誕生花1ひまわり」の方しか存在しません。ですから、「1ひまわり」の明るく元気、ピュアな魅力が表には大きく出ますが、実は、もう一人のあなたは、かすみ草のように繊細な面を持ち合わせています。「いつも元気で悩みがなさそう」と言われ、なかなか他人からは理解されにくいでしょう。本人は、「明るく元気にしなくては」と、一生懸命に周囲に気を遣って頑張っていることもあります。

✽かすみ草さんとのコミュニケーション方法

かすみ草の方に、「1ひまわり」さんのように「目立つリーダー的存在になって」というのはストレスになります。温かく見守りながら、自信がつく言葉がけをしてあげましょう。優柔不断で依存しやすい傾向があるので、やんわりと「どうしたい？」と気持ちを汲んであげてください。繊細で傷つきやすいため、言葉選びを慎重にするとよいでしょう。

一人で決断しないといけないことは、プレッシャーで押し潰されやすいタイプの方もいるので、気持ちを汲み取りながら一緒に考えてあげるとよいでしょう。また、サポーター役をお願いするのもおすすめです。その際は、「無理のない範囲でね」と声をかけてあげると安心して能力を発揮できます。また、繊細な違いに気づけることを尊重し、コミュニケーションをとるとよいでしょう。

誕生花「2　かすみ草」の有名人（敬称略）

篠山紀信　佐藤浩市　真田広之　鈴木福　大和田獏　藤子・F・不二雄
クロード・モネ　ダリル・アンカ　カレン・カーペンター　由美かおる　畠田理恵

3

ガーベラ

花と数字の特徴

ガーベラはキク科の多年草で、原産地は南アフリカです。ガーベラの名前の由来は、属名「Gerbera」からきています。18世紀に、発見者であるドイツの植物学者ゲルベル氏（T.Gerber）に敬意を表してつけられたことが由来とされています。

和名は「オオセンボンヤリ（大千本槍）」「ハナグルマ（花車）」で、別名は、「アフリカセンボンヤリ」「アフリカタンポポ」といわれます。学名は「*Gerbera jamesonii* Bolus」英語でガーベラは「Gerbera」「Transvaal Daisy」「African Daisy」、フランス語では「Gerbera」と呼ばれます。日本には明治時代の末頃に渡来したとされています。たいへん人気のある花で、毎年新品種が生まれています。ガーベラは茎にうぶ毛があり、水に浸かっている部分が痛みやすく、水を濁らせるため、切り花は水の量を少なめにし、まめに水を替えましょう。ガーベラのカラフルな色はかわいらしく、見ているだけでハッピーになれますね。

数秘術の「3」は、喜び、楽しさ、ユーモア、活発、ポジティブ、創造性、無邪気、食といった意味があります。「1」の男性性と「2」の女性性を足して創造されるのが「3」です（1＋2＝3）。つまり、「3」には、男性と女性から創造される「子ども」という意味があります。子どもが創造されるのは喜びの出来事でもあるため、創造性、喜びといった意味もあります。「2」の点をつなぐ線から、「3」はもう一点増え、三角形が形成されます。二人だけの空間から、第三者が加わり、トライアングルとなります。「2」の二人だけの空間から社会へと広がる、そんな社交性も「3」は意味しています。

数字の「3」という形も、コロンとして、転がっていきそうな軽やかな印象があります。また、左方向にしか空間が空いていないため、好奇心旺盛で興味のある分野、一方向にだけ進むイメージもあります。

❁基本的な性質・魅力（誕生花、発芽、根共通）

✢楽しいことが好きで無邪気な子どもらしさが魅力

カラフルな明るい花をパッと丸く咲かせるガーベラのように、**明るく楽しい雰囲気と、子どものような無邪気さが魅力**です。フレンドリーですぐに人と仲よくなれます。楽しいことが大好きで、ユーモアもあるので、まわりをパッと明るく楽しくしてくれます。天真爛漫でポジティブさも魅力です。

食べることが大好きで、美味しいものがあればご機嫌になれる、かわいらしい一面もあります。あなたのその活き活きとした軽やかさと無邪気な笑顔に、どれだけまわりの人がハッピーになっていることでしょう。

新しいもの好きで好奇心旺盛な魅力

ガーベラの花が人気なのと同様、ガーベラさんも人気運があり、軽やかで好奇心旺盛で、新しいものが好きです。大人になっても、どこか少年少女のような若々しさがあります。また、ユーモアがあり、コミュニケーション上手で話し上手。まわりの人を「楽しませよう」「喜んでもらいたい」という思いが強く、人の笑顔を見るのが好きです。その反面、人を喜ばせることに一生懸命になり、自分を喜ばせる、幸せにすることをたまに忘れてしまいがち。あなたのサービス精神旺盛で楽しくユーモアがある明るい性格は、本当にまわりの人を救ってくれています。自分自身も大切に愛して、喜ばせてあげてくださいね。

ガーベラの花の特徴でもお伝えしましたが、ガーベラはこまめに水を替えてあげないと濁ります。このことからも、こまめに気分転換をし、新しいことを軽やかにしていくことも大切なポイントです。

✿欲求が原動力になっている

数秘術の「3」は子どもを表すとお伝えしました。子どもは「食べたい！」「遊びたい！」「眠りたい！」などといった「欲求」がベースにあります。子どもは、欲求に対してとても素直ですね。ガーベラさんも、この「欲求」が原動力になっていることが多いです。

たとえば、仕事終わりに「あの人気店のスイーツを食べたい！」「みんなで集まって遊びたい！」。そのために、いやな仕事も早く終わらせ、頑張れるところがあります。実際その欲求を満たすことができると、心の底から幸せを感じることでしょう。

ガーベラさんは、「1、2、3」で飛ぶ走り高跳びのようなリズム感とスピード感があります。素直な欲求を満たすために、持ち前の集中力とスピード感で仕事もこなしていけるでしょう。欲求に素直な分、ゲームや漫画、ギャンブルなどにはまりやすい人もいます。

✿頭の回転が早く知的でアイデアマン

日本のことわざに「三人寄れば文殊《もんじゅ》の知恵」というのがあります。3人集まって相談すれば、素晴らしい知恵が出るという意味です。数秘術の「3」にも、アイデア、クリエイティブ、創造性といった意味があります。アイデアが豊富で、表現力豊かな面も素晴らしい才能です。他の人が気づかないようなアイデアや創造性で、何かをつくり上げることができます。そこには「自分が楽しい」ということが大前提になります。

「3」という数字が一方方向にしか開いていないことからも、興味のある方向には、一直線にはまっていく傾向があるようです。ガーベラさんはとにかく、ワクワク楽しいことをすることが成功の鍵です。まだ世の中にないものをつくり出す「工夫の天才」で、普通の人が思いつかない方法でつくり上げます。工夫すればするほど、創造性がどんどん発揮されていくこともあります。

楽しいものにはとことん熱中しますが、楽しくないことにはいっさい関わらない人も多いのでは……？　仕事などで仕方なくすることは、もともと知性があるので、そつなくこなしますが、本来は、「楽しいことをしたい」という潜在的欲求を持っています。感性が豊かなので、アーティストのように繊細な感性も持ち合わせています。頭の回転が早く、知性があり、「どうしたら効率がよくなるか」など、創造的な解決方法を考える頭の切れるタイプの方も多いです。

食べることが好きなガーベラさん

さらに、ガーベラさんは「食」と特に縁があります。お菓子が似合うタイプで、とにかく食べることが好きな方が多いのも特徴です。美味しいものを食べているときは、本当に幸せそうです。講座でも、ガーベラさんに「お菓子が好きですか？」「食べることが好きですか？」と聞きますが、皆さん、満面の笑みで「はい！」と大きくうなずかれます。

ガーベラさんは、機嫌が悪くなると、「美味しいものを食べること」でご機嫌になれます。何か悩みがあるときも、あれこれ考えるよりも「とりあえず、美味しいものを食べよう」と、食べることで悩みをカラッと忘れることもあります。

ガーベラさんは、喜怒哀楽など思っていることが顔に出やすい、とても素直なところがあります。ただ単に「お腹が空くと機嫌が悪くなる」ということもあるので、ガーベラさんは自分がご機嫌になれる、お菓子や食べ物を持ち歩くとよいかもしれません。

食べることが好きなあまり、楽しみに取っておいたお菓子や食べ物を勝手に食べられてしまうと、本気で怒ります（笑）。しかし、その場でパッと怒って、また新しいお菓子があるとすぐにご機嫌になってくれる、お茶目でかわいらしい面があります。

✤食欲のコントロールも大切

注意していただきたいのが、「食欲のコントロール」です。食べることが好きで、自分が好きな食べものには一直線に進んでいきます。自分の身体を少し過信しやすいところがあるので、暴飲暴食による体調不良に気づきにくいときがあります。

特に、ガーベラさんは子どもが好きな食べ物、たとえば甘いお菓子、ケーキ、アイスクリームなどを好きな方が多いので、身体のためにあまり食べすぎないようにするとよいでしょう。

そのほかにも、ハンバーグ、オムライスといった食べ物も好きな方が多いです。

また、ガーベラさんはリズムに合わせて身体を動かすこと、スポーツで汗を流すことが開運ポイントです。体内のエネルギーが循環して活き活きします。食べすぎたら、身体を動かすことで消費するのがよいでしょう。

多芸多才で失敗を恐れず、軽やかに進んでいける

毎日同じ単調なことはやる気が湧きにくく、予定調和なことは退屈に感じやすく、苦手な方も多いです。多芸多才で外向的で活発、楽観的で情熱的なところもあるので、元気よく忙しくしていたいタイプでもあります。ただじっとしているよりは、何か楽しいこと、新しい刺激はないかとアンテナを張っています。好奇心旺盛なため、目の前に新しい刺激があると少し気が散りやすい面や、おっちょこちょいな面もあるでしょう。しかしそれは、他の人が慎重になってしまうことにも失敗を恐れず、勇気を持って軽やかな行動力で飛び込んでいけるパワフルな才能でもあります。

話術に長けておしゃべり好き

人を惹きつける話術に長けていて、ガーベラさんは常に新しい話題を持っていることもあります。頭の回転が早いので、話しながら数歩先の笑いを考え、周囲を自然と笑いに包みます。根が素直で正直なため、内緒話を秘密にしておくのは少し苦手かもしれません。

思ったことをすぐに口にしてしまう傾向もあります。そのため、根に持つことはなく、カラッとしています。先ほどもお話ししたとおり、喜怒哀楽が顔に出やすいため、溜め込まず、その場で思ったことは解決したい傾向があります。しかし、子どもらしい特性に実は「気遣い」というキーワードもあります。子どもは大人に好かれようと無意識に気遣いをしていることがあります。ガーベラさんも、その場の空気や、周囲の人が和み、元気に明るくなるように無意識で気遣いをして楽しませようとしてくれています。

✤友人に恵まれ、同級生、同期、仲間など友人同士のような対等な関係を好む

友人との縁が深い方、学生時代の同級生や大人になってからの同期や仲間など、大切にして長く良好な関係を持つ方が多いです。パートナーも友人のような楽しい関係が多い傾向があります。また、男女問わず、Tシャツとジーンズなどのカジュアルなファッションも、持ち前の若々しさと知性で上品な雰囲気で上手に着こなせます。

✤楽しむことが苦手な人もいる!?

ガーベラの方の中には、稀に「楽しむ」ことが苦手な方がいます。その方には「子どもの頃はどうでしたか?」と尋ねると、「確かに、子どものころは無邪気に遊んで走り回っていました。でも、いつからか楽しむことを忘れていました」と話してくれました。

本来持って生まれた魅力の花も、社会や環境の中で忘れてしまっているということもあります。後日、その方は「ガーベラを意識して楽しむことを思い出したら、毎日、もっと楽しもうと思うようになりました！　今は毎日楽しいです」と話してくれました。もし、楽しいことがなく、あなたの中のガーベラがしおれかけたら、あなたのまわりには楽しい、面白いことがあふれていることを思い出してくださいね。工夫上手でクリエイティブなあなたなら、どんな状況下でも、自分なりの楽しさを見つけられるのだから。

自然と笑顔があふれる魅力

私の母は発芽が「3ガーベラ」です。いつも口角が上がり、目が合うとニコッとするタイプです。いつも明るく元気はつらつとしていた母に、5年ほど前病気が見つかり、手術をすることになりました。

「5時間ほどで終わります」と聞いていた手術が10時間以上かかりました。病院の待合室で、私たちよりあとから始まった手術がどんどん先に終わり、ご家族が帰られていきます。父と二人で、外が暗くなるまで不安な時間を過ごしていました。静まり返った待合室に看護師さんが呼びに来てくださり、こう言ってくれました。「麻酔が解けて、すぐ笑ってくれましたよ」。それを聞いていた瞬間、我慢していた涙が一気にあふれてきました。父もズボンのポケットからクシャクシャのハンカチを出し、目頭を押さえていました。

ガーベラさんは無意識でも笑顔になれる魅力があふれていると思います。まわりの方々は、どれだけあなたの笑顔に救われているでしょう。

✻バランスを崩すと

バランスを崩し、エネルギーが過剰になると、自分自身を制御するコントロールが苦手になりやすいことがあります。暴飲暴食、ギャンブルや遊びにはまりすぎてしまうことも。その場が楽しければいいと自暴自棄にならないよう、自分の心と向き合うことを意識するとよいでしょう。

まわりと楽しく過ごしていると、「身体の声」を聞けなくなってしまうこともあります。周囲への気遣いがストレスとなって暴飲暴食などしてしまうこともあるでしょう。まず、自分のストレスに気づいてあげることが大切です。そして、ストレスを感じたら、早めに身体を動かして、エネルギーを発散するとよいでしょう。

バランスを崩し、エネルギーが不足すると、活力がなくなり、悲観的になってしまうことがあるでしょう。本来ガーベラさんはユーモアがあり、明るいところが長所ですが、ストレスが重なると、生真面目になってしまうかもしれません。「楽しんではいけない」「はしゃいではいけない」「もう大人なんだから」と、自分を厳しく監視するような状態に陥ってしまいます。誰のための人生ですか？　あなたはあなたの人生を楽しんでもいいのです。

美味しいものを最近食べていないという方は、自分へのご褒美で、美味しいものを食べてみてくださいね。自分で自分をご機嫌にさせてあげることは、ガーベラさんの得意なことです。遠慮せず、小さなご褒美で自分自身を楽しませてあげるとよいでしょう。

発芽と根が「ガーベラ」の場合

＊発芽、根が「ガーベラ」の方も、基本的な性質、魅力はメインの誕生花「ガーベラ」の解説と同じです。

「発芽」がガーベラの場合、子どもの頃から活力にあふれ、永遠の少年少女のような純真な心を持っています。外では気を遣って、あまり表に出さない場合もあるかもしれませんが、身近な人には、喜怒哀楽をそのまま出す傾向もあります。また、何かを創作することが好きな方も多いです。

特に「食」と縁があり、お菓子やデザートに何より幸せを感じやすい方が多いでしょう。軽やかでスピード感があり、頭の回転も速く、機転が利きます。

「根」がガーベラの場合、もう一人のあなたは第一印象ではわからない、実は楽しいことが好きで無邪気な面があります。意外と、甘いものや子どもが好きな食べ物が好きな方も多いでしょう。そんなかわいらしい一面は、あなたの魅力となります。また、いざというときに、ポジティブなアイデアや考え方で乗りきれるでしょう。少し真逆の魅力がありま す。たとえば、子どもと大人、サポートタイプで繊細な女性らしさと、頼り甲斐があり、ストレートに発言できる男性らしさなど、魅力の幅が広い方が多いでしょう。

ガーベラさんとのコミュニケーション方法

最初からあまり堅苦しい話をするよりも、お互いの趣味や最近楽しかったことなどを話すとよいでしょう。より心をオープンにしてくれて楽しい雰囲気になるでしょう。楽しいことが好きなところがあるので、注意されて反省していても、思わず口角が上がって反省していないような面が垣間見えるかもしれません。それは日頃からガーベラさんが周囲を楽しませようとする習慣ゆえなので、こちらが大人になり、寛大にみてあげましょう。

日頃の明るい笑顔は、周囲の人をハッピーにしてくれる素晴らしい才能でもあります。また、どんどん自由にアイデアが出せるような雰囲気や環境作りも、クリエイティブな才能を発揮してもらえるでしょう。仲よくなるには、美味しいものがあると間違いなしです。

誕生花「3 ガーベラ」の有名人（敬称略）

郷ひろみ　宮崎駿　木梨憲武　加藤茶　藤井聡太　有吉弘行　葉加瀬太郎　ジャッキー・チェン　蛯原友里　柴田理恵　久本雅美　松任谷由実　西野カナ　アグネス・チャン

4 クローバー

花と数字の特徴

クローバーはマメ科の多年草で原産地はヨーロッパです。クローバーの名前の由来は、ラテン語の「clava」からといわれています。「clava」とは、ギリシャ神話の英雄ヘラクレスが手にしていた三つのこぶがある棍棒のことで、古代ケルトのお守りとされていました。

和名は「シロツメクサ（白詰草）」で別名は、「オランダゲンゲ」「ツメクサ」。学名は「*Trifolium*」英語でクローバーは「Clover」、フランス語では「Trèfle」と呼ばれます。日本には江戸時代の弘化年間（１８４４〜１８４８）に渡来したとされます。

白詰草の由来は、１８４６年にオランダから運ばれたガラス容器の中に、乾燥させた草が緩衝材として詰められていたことから、「詰草《つめくさ》」と呼ばれるようになったといわれています。四つ葉のクローバーは、なかなか見つけられず、見つけるとラッキーの象徴として、幸運を運んでくれるといわれていますね。

数秘術の「4」は、誠実、マイペース、現実的、継続、まとめる、安定、こだわり、形にするといった意味があります。「4」は、四方位（東西南北）、四元素（火風水土）、四季（春夏秋冬）という言葉があるように、現実世界をつくり上げる土台となるような数字でもあります。さらに、四方位、四元素、四季など、目に見えない物事を現実化してくれるという意味もあります。また、地図上で北を表す記号「地図の記号」も数字の「4」に似ています。時間や空間を司り「今、ここ」を示すヴァイブレーションがあります。

「4」という数字は、直線的で丸みはありません。また、漢数字では「四」と書きます。四隅で囲われた四角で、漢数字の「四」も四角で囲われています。この直線の四角形の枠が、まさに「4」のきっちり感につながります。机や椅子の脚も4本のものが多く、「4」は安定感という意味もあります。

基本的な性質・魅力（誕生花、発芽、根共通）

誠実な優しさと地に足が着いた安心感が魅力

四つ葉のクローバーのように地面に一番近いところでしっかりと根を張る**安心感**、**誠実なところが魅力**です。公園や道沿いなど身近な場所に咲いていることから、現実社会に溶け込み、地に足がついたところも魅力です。反面、マイペースを好み、独立心旺盛な面もあります。愛情にあふれ、家族同様に飼っているペットを大切にする優しい方も多いです。

愛情豊かな面もありながら、数字やデータを重視する理論的な面も持ち合わせています。あなたのその誠実さに、どれだけまわりの人が安心感をもらっていることでしょう。

自分に正直でお世辞が苦手

クローバーさんの優しさの表現の一つに「誠実である」ということがあります。自分にも他人にも「誠実でありたい」という思いがあるでしょう。自分自身にも「正直でいたい」という、純真で真っ直ぐな思いが根底にあります。時に、その面が強くなると、小さな嘘も許せなく感じてしまうこともあるかもしれません。自分が正直で誠実なため、他人に対しても自分の基準で「誠実さ」を求めてしまうと、失望することもあるかもしれません。あなたのその正直で誠実な優しい面は、多くの方から認められ、人望が厚いでしょう。正直で誠実であるため、あからさまなお世辞は苦手なことが多いでしょう。

継続が得意

クローバーさんは、自分がやると決めたことは、とにかく継続することが大切と考え、一日でも休むと自分が気持ち悪く感じる方もいます。誕生花「4クローバー」の受講生にこんな方がいました。彼女は50代後半で、長年、保育士さんをされてきました。講座中に

「4クローバー」の解説をしたとき、こう話してくれました。「私、40年近く保育士を続けてきましたが、1日だけ休んでしまったんです。1日だけ。その日は、職場に向かう途中、どうしても体調が悪くなって家に戻ってしまって。その日、1日だけ休んでしまったんです」。彼女は40年もの年月の中で、休んでしまった1日を鮮明に覚えていたのです。保育士の仕事に誇りを持ち、今も続けているその姿に私は深く感銘を受けました。

これが「4クローバー」さんの「継続」の素晴らしさです。彼女のように、継続することが自分の喜びとなっている場合もあります。しかし中には、頑張りすぎて、身体と心を壊してしまう方もいます。また、好きなことは継続できるけど、興味のないこと、好きでないことはまったく続けられないという方もいます。

✤完璧主義で苦しくなることも

クローバーさんは、自分では気がつかないうちに、ストイックで完璧主義になりやすい傾向があります。数秘4は四角形という意味もあり、四角の枠の中で「～しなくては」「～でなければならない」と枠の中でグルグル考え続けてしまうこともあります。同時に、世間体やまわりの評価、他人からどう思われるかなどもグルグル考え続け、結局、答えが見つからず、悩みの渦から出られなくなってしまうこともあります。とても苦しいですよね。そんなときは「できたらいいな～」くらいに考えると、心が楽になります。

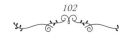

講座中、自分自身に「4クローバー」があることがわかった方は、「完璧主義で頑張りすぎていたことに気づけて、気持ちが軽くなりました」と、これまで無意識に頑張ってきたこと、我慢してきたことが溶かされ、浄化の涙を流される方も多いです。それだけ、気づかぬうちに、長年、完璧主義で頑張ってこられたのですね。

心や身体を壊しながらも「なんでもっと頑張れなかったのだろう」と自分を責めてしまったことはありませんか？　あなたは、十分頑張ってきました。大切なことは、頑張っても頑張らなくてもあなたの存在価値は変わらないということ。あなたは世界でたった一人のかけがえのない存在。自分を大切にして、心と身体をゆるめてあげませんか？　大丈夫！深呼吸してマイペースでいるほうが、あなたの魅力や才能はより発揮されるのだから。

✤頑張り屋さん、働きすぎてしまう傾向

クローバーさんは、むだなく効率を考えられるタイプの方。そのため、仕事や家事なども自分なりのこだわりで効率よくこなせます（ただし、好き嫌いが激しいタイプの方は、できることと、できないことの差が激しくなる傾向があります）。他の人に頼るよりも、自分でやったほうが早いと考えるところがありませんか？　ワーカーホリックで休みなく働き続け、ある日、身体や心にＳＯＳの症状が出て、はじめて「頑張りすぎていた」ことに気づくこともあります。自分の限界を知りたいという思いがあり、多少の疲れは「たいし

たことない」と頑張りすぎてしまうところがあるでしょう。

幼少期から「頑張ること」が標準装備されていると、自分が頑張りすぎているのかどうかもわからなくなってしまいます。ですから、休まざるをえなくなったとき、それは神様からのギフトです。そのおかげで、新しい働き方や自分らしく生きられる方法を見つけられるきっかけとなります。

✤ルーティーンワークが大切

ルーティーンワークを欠かさないことで落ち着きます。それが度を越すと、「できていない」ことにフォーカスし、自分に厳しくなりすぎて疲れることもあります。

誕生花「4クローバー」の受講生Yちゃんは、こう話してくれました。「毎朝、自分で決めたルーティーンワークが多すぎて、それを完璧にしなきゃと思うあまり、疲れてしまって……。だから、ルーティーンワークを一つだけに絞って、あとは自由でいい！ そう決めたら、すごく楽になりました」。明るく話すその言葉の裏に、彼女がこれまで完璧主義で苦しんできた葛藤を乗り越えたことに胸を打たれました。

もし、同じように、ルーティーンワークなど自分で決めたルールに完璧を求めるあまり、疲れを感じている方は、まずは一つだけのルーティーンワークや自分のルールに絞ることをしてみてはいかがですか？

✤日常の自分が寛げるこだわりの空間が大切

クローバーさんは日常の幸せに喜びを感じやすい傾向があります。もちろん、大きな幸せな出来事にも喜びを感じますが、何より日常の心地よさを大切に感じやすいでしょう。

クローバーさんは「数秘術４」の現実的な「今、ここ」というエネルギーがあるため、遠い未来の理想より、毎日の日常を大切に感じやすいでしょう。特に自分が日々寛げる自宅を心地よくする方も多いです。面白いことに、日常の細かいこだわりと、大ざっぱで気にしないところの差が激しい方もいます。

まわりが気にしないようなことでも、自分自身で決めたこだわりを大切にする傾向もあります。たとえば、「リモコンは机のこの位置にすき間なくきちんと並べる」という、自分なりのリモコンの置き方にこだわりがあります。反面、「本や雑誌の並び順は気にしない」と、本や雑誌が床に積んであっても気にしない大ざっぱな面もあったりします。いずれにせよ、自分独自のこだわりを守ることで、自分が安心できるという方も多いでしょう。

✤「コツコツ安定タイプ」と「自由な独立心旺盛タイプ」の大きく二つに分かれる

数秘術で「４」は安定、コツコツタイプともいわれています。その反面、実際「４クローバー」の方と多く接する中で、どうしてもその枠に収まらない「自由な独立心旺盛」なタイプの方がいることに気がつきました。両者の根底に共通しているのは「真面目、誠実、地に足がついている現実派」です。土台となる共通点は変わりませんが、組織の中で安定を好むタイプと、自由に独立心旺盛タイプに分かれます。その理由は何だと思いますか？それは、「４クローバー」の方の「マイペース」「自分のこだわり」という大切なキーワードがヒントにあります。

たとえば、毎日会社に行き、経理の仕事のような細かい計算をするのが、自分のペースに合っていれば、それがマイペースでできる仕事となります。しかし、昨今は時代の変化とともに、職業の選択肢が増え、自宅にいながらマイペースにできる仕事や、起業して自分なりの働き方も増えています。

「自分に正直でありたい」というよい意味での「マイペース」というこだわりの強さが、職業やライフスタイルに反映されやすい方も多いです。そんな「自分らしさ」を大切にする凛としたところも、クローバーさんの魅力です。ちなみに、大きく二つに分かれずに、どちらにも当てはまる場合もあります。職場では「コツコツ安定タイプ」だけどプライベートでは「自由なタイプ」という「隠れ自由人タイプ」もいます。それでは、具体的に「コツコツ安定タイプ」と「自由な独立心旺盛タイプ」の違いについてお話ししましょう。

✤順序どおり、きっちりが好きなコツコツ安定タイプ

どちらかというと急な変更や、変化が苦手で、安定を好むタイプ。自分がきちんと把握

できる変更や変化には動じません。自分の想定外のことが起きると、不快感を感じやすいでしょう。それは、自分が決めた順序が急に狂ってしまい、気持ち悪さを感じてしまうからです。

一定の規則性があることに安心感を感じやすい面もあります。たとえば、家の掃除の順番は必ず同じ、靴は決まった足から履かないと落ち着かない、またデートや旅行のプランは行程どおりに進めたい、それらがスムーズに進むととても気持ちよく感じます。まるで、パズルの最後のピースが、カチッとはまったときのような快感を覚えやすいでしょう。

組織の中では、決められた場所、時間、給与、仕事内容に安心を感じます。日常の家事なども効率よくこなすことができ、整理整頓が好きな方もいます。書類管理やタイムキーパー、出かけたときに部屋の鍵を任せるなら、このタイプのクローバーさんが安心です。

自由な独立心旺盛タイプ

自由が好きで、大きな可能性を秘めた個性的なタイプ。夢や想いを現実にしていける才能があります。夢や想いを語って終わるのではなく、現実的に実行に移すことができます。

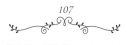

誰もしたことのないことや、スケールの大きいことを心に描き、実現することができます。数秘22は一桁にして足すと（2＋2＝4）となるので、「4クローバー」の要素も含んでいます。ですから、誕生花「22胡蝶蘭」のようにカリスマ性があり、影響力の大きい

成功者も多いです。一見、自由人に見え、遊ぶように仕事をしている方もいます。

しかし、好きなことへの努力は惜しまない、努力家の素晴らしい面があります。組織や決められたルールに合わせながら働くことは、窮屈に感じてしまうでしょう。マイペースなこだわりで、「自分流を形にしたい」という凛としたところがあるので、独立して自分の世界観をつくり上げ、成功する方も多いです。アイデアを形にすることや、体系化、仕組化や法則化にしてまとめ上げるのが得意です。自分の経験を活かして、世の中にまだ形になっていないあらゆる物事を、言語化、現実化し、人々の役に立つ形にして届けていける影響力の大きい方もいます。

バランスを崩すと

バランスを崩し、エネルギーが過剰になると、自分に厳しくなりすぎる傾向があるでしょう。気づけば自分以外にもまわりの人へも厳しくなってしまいます。また、まわりの視線や世間体、肩書きなどを気にしすぎて自分で自分を苦しめてしまうこともあります。「完璧にしたい」という思いが強い反動で、それができないとわかれば0か100で「もうやらない」とやめてしまう極端なところもあります。たとえば、毎日続けようと始めたことでも、4日目に自分が決めたその日の内容をすべてできないとわかった途端、全部を0にしてしまうのです。0と100の間には無数に選択肢があります。そう考え、少し自分をゆるめてみるとよいでしょう。常に全力疾走でなくとも、途中休みながらでも進んでいくことはできるのですから。

バランスを崩し、エネルギーが不足すると、地に足がついていない状態になりやすいでしょう。目的意識がなくなると、時間管理や整理整頓、計画性などがなくなり、自由すぎてなまけてしまいます。その結果、計画性がない自分を厳しく責めてしまうことになります。せっかくやる気や才能があっても、「どうせコツコツ続けられないから」と、あきらめてしまうこともあるかもしれません。理想像が高く、自分に厳しくなりすぎる傾向もあります。まずは自分を厳しく責めてしまう門番が自分の中に現れることに気づくことから始めてみませんか？「自分を責めない」という理想に向かって、門番が現れたら、笑顔で「さようなら」をしてみましょう。

発芽と根が「クローバー」の場合

＊発芽、根が「クローバー」の方も、基本的な性質、魅力はメインの誕生花「クローバー」の解説と同じです。

「発芽」がクローバーの場合、子どもの頃から自分なりの小さなこだわりを持っている方が多いです。周囲の影響を受けにくく、自分をしっかりと持っているタイプでもあります。大人になっても自分の価値観や世界観を大切にするタイプです。空想的なことよりも現実的なことを考える傾向もあるでしょう。比較的「コツコツ安定タイプ」の方が多いでしょう。順序どおり、計画どおりでいることで、安心できます。仕事も誠実に一生懸命にこなすタイプです。働きすぎだけは気をつけてくださいね。

「根」がクローバーの場合、もう一人のあなたは、いざというときに頼りになる存在です。発芽や誕生花が「1ひまわり、3ガーベラ、5チューリップ、8ダリア」などの方の場合、あまりクローバーさんらしさが出ていないかもしれません。しかしもう一人のあなたは、軽やかな中にも、クローバーのように地に足がついた現実的な面があるでしょう。大事な局面では、しっかり調べてから判断するといった堅実なところも安心感があるでしょう。

✻クローバーさんとのコミュニケーション方法

クローバーさんは、言葉だけでなく、実際、目に見えるもの、形があるものなどを信じる現実的なところがあります。お礼などの気持ちは言葉だけでなく、ちょっとした物や手紙など「形あるもの」も一緒にプレゼントをすると、より気持ちが伝わりやすいでしょう。

また、クローバーさんは丁寧な言葉遣いやコミュニケーションを好みます。なぜなら、クローバーさん自身も、人に対して誠実でありたいと思っているからです。ですから、人からも誠実に扱われると心地よく感じてくれます。なれなれしい態度や軽々しい接し方は避けましょう。時間の組み立て、管理、効率のよさを好むクローバーさんは、食事に行く際も、予約をしておくと、とても安心して喜んでくれるでしょう。

誕生花「4 クローバー」の有名人（敬称略）

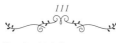

北野武　桑田桂祐　タモリ　ビル・ゲイツ　松坂大輔　松岡修造　ドナルド・トランプ
安倍晋三　菅義偉　松たか子　観月ありさ　米倉涼子　松下由樹　押切もえ

5 チューリップ

花と数字の特徴

チューリップはユリ科の多年草で、原産地は小アジアです。チューリップの名前の由来は、原産地の一つであるトルコの人々がかぶっている帽子「チューリバン(ターバン)」が語源という説があります。

和名は「ウッコンコウ（鬱金香）」で、別名は「ボタンユリ」です。学名は「*Tulipa gesneriana L.*」英語でチューリップは「Tulip」、フランス語では「Tulipe」と呼ばれます。日本には文久年間（1861〜1864）に、ヨーロッパを経て輸入したとされています。チューリップというとオランダを思い浮かべる方も多いと思います。実は、日本では富山、新潟の両県で本格的に栽培され、オランダを抜いて世界一の生産量を誇っています。チューリップは温度の変化に敏感で、わずか0.2および1.0℃以下の温度の上昇と下降で、花びらが開いたり、閉じたりします。

数秘術の「5」は、自由、行動力、適応力、人に関すること、向上心、多才、冒険、変化、といった意味があります。「1〜4」「6〜9」と数字を前半後半に分けると、ちょうど真ん中にあたるのが「5」です。中立な立場で枠にはまらず、自由であるという意味もあります。バランス感覚があり、臨機応変、柔軟性があります。そのためフットワークが軽く、好奇心旺盛で行動力もあり、複数のことを同時にこなせる多才な面もあります。

「五臓六腑」「五感」「五体満足」といった、人間に関する言葉も多くあります。このことから、人が好き、人の心に興味がある、コミュニケーションが上手、人が自然と集まる人気運なども表します。数字の「5」という形は左右が開いています。まさにバランス感覚があり、人に上手に合わせながらも、好奇心の視野が広く、アンテナが広範囲に立っているようです。

基本的な性質・魅力（誕生花、発芽、根共通）

行動力があり、自由で適応力がある活き活きとした魅力

チューリップの花は温度の変化で花が開閉します。茎も自由に、好きな方向に伸びています。チューリップさんは**周囲に自然と溶け込める、適応力と自由な雰囲気が魅力**です。風に楽しそうに揺れるチューリップのように、いつも活き活きとして行動力があります。まるで自分のことのように相手を理解し、相手が望む自分を自然と演じることができます。

また表現力の幅が広く、周囲を飽きさせることがありません。あなたのその多才さにど

れだけ多くの人が魅了されていることでしょう。

相手や状況に自然と自分を七変化できる優しさ

数秘術の「5」は1~4、6~9の間に挟まれ、真ん中にあるとお話ししました。まるでシーソーの軸のように、1~4、6~9のバランスをとっているようです。非常にバランス感覚に優れ、水のようにしなやかに相手や環境、状況に合わせることができます。チューリップさんは、相手や状況に合わせようとしなくても、気づけばカメレオンのように自分を柔軟に変えることができます。それはチューリップさんが、無意識にまわりとのバランスをとり、自ら調整役をしてくれている、そんな優しさがあるからです。

魅力の幅が広く、多くの人々を魅了する

初対面では大人しそうな印象だったのに、二回目に会ったらまったく印象が違う。また話していくうちに「そんな一面もあるの?」とギャップがたくさん出てきて、気づけば魅了される……そんな魅力の幅が広いのも、チューリップさんの特徴です。好奇心旺盛で流行りのものや、今はまっていることなど楽しそうに話す姿も、人々を魅了します。興味のある話は活き活きと前のめりだけど、興味のない話を聞くときはチューリップの花が閉じたように静かになるという、わかりやすい態度も、かわいいと思わせます。相手に合わせ

て自分を七変化させられる部分がある反面、譲れない部分は凛とした芯の強さで、独自のこだわりを表現する魅力も持ち合わせています。

理想が高く、自分を演出できる

想像力が豊かで感受性が鋭いタイプの方が多く、「理想」も自然と高くなる傾向があります。理想の自分を演出するのも上手です。俳優のように理想をイメージするだけで、自然と雰囲気やファッション、言動までも理想のイメージに近づけることができます。もし、叶えたい夢や願いごとがあるのなら、ぜひ、このイメージ力を最大限に活かしてみてくださいね。きっとあなたの味方となり、夢や願いが叶いやすくなります。

成長と向上心とチャレンジ

チューリップの花が上へ上へと伸びて咲くように、「もっと成長したい」と、向上心が人一倍強いタイプでもあります。日本だけでなく海外への好奇心も強く、本物や一流を知りたいという向上心を強くもっています。「現状維持は物足りない」と考えるようなところもあり、常に変化や成長をしていたいと思うこともあります。そのため、何かを調べることや実際に足を運ぶという行動力にあふれる方も多いでしょう。とにかく考えるよりも「チャレンジしてみよう」というポジティブな面があります。周囲の人が躊躇《ちゅうちょ》するようなことでも、「新しいことは楽しい」と、ワクワクドキドキも楽しめる心の筋力があります。

✤羽が生えているような、自由で軽やかな行動力が魅力

「あのお店、開いているかな?」そう言ったとたんに、電話で問い合わせをしてくれている。そんなところがチューリップさんの行動力です。近くのお店なら「電話するより早い」と、パッとお店を見に行ってくれるでしょう。気になることはすぐ調べ、行動に移せる素晴らしい才能があります。また、移動距離も気になりません。「会いたい」「体験したい」その想いを真っ直ぐに行動に移すことができます。

誕生花「5チューリップ」で東京在住のNさんは、東京から大阪まで誕生花セラピーの講座を受講しに来てくださいました。翌週に東京開催もあったのですが、「楽しみで待てない」と、大阪まで軽やかに参加してくださいました。

✤情熱的で冒険心のある大胆さを持つ

時に、周囲を驚かせるような大胆な行動に出ることもあります。あまり表には見せないものの、心の奥底には情熱的な面も持ち合わせています。また、日本人離れしたロマンチックな面を持ち合わせていることもあります。照れてなかなか言えないような甘い言葉も、サラリと言えるようなところもあるでしょう。相手を喜ばせることが好きで、サプライズ

好き。好奇心旺盛で情熱的な面があるため、「いつもと違う楽しみ」を見つけるのが上手なところもあります。何気ない日常に「変化」「刺激」を好む傾向もあります。

中には恋愛体質でモテるタイプの方もいます。チューリップさんの潜在的な想いとして「冒険」というキーワードがあります。実際に冒険に出るという意味ではなく、「冒険のようなワクワク」が、生きるうえで活力になるのです。

✿どうしようもない気分のアップダウンがある

繊細な感受性で周囲の影響をキャッチするため、本人の意思に関わらず、気分のアップダウンがあることがあります。それは一日単位だったり、一時間単位だったり……。講座でチューリップの解説をしたとき、50代の女性が涙を流しながらこう話してくれました。

「私は昔から気分のアップダウンがあるのが悩みで。子どもにもそれでつらい想いをさせたように思います。だから、冷蔵庫に「ママは今気分が下がっています」と貼って、自分なりに工夫していました。でも、どうしてもアップダウンが治らなくて……。それは自分の誕生花チューリップの性質なんだとわかって、楽になれました!」

気分のアップダウンがある自分をどうか責めないでくださいね。客観的に自分の状況を把握して、「大丈夫」と自分自身に声をかけてあげましょう。気づけばまた元どおりのあなたになっているのだから。「心はコロコロ変わるから心」といわれています。チューリップが風に自然と揺れるように、自然体で力を抜いてみませんか？

✤集中力とスピード感がすごい

チューリップさんは、集中力が人一倍強いのも特徴です。スイッチが入ると、グッと自分の世界に入り込み、時間を忘れてしまうこともあるでしょう。何かに一生懸命に集中して頑張っている姿ほど、美しいものはないと思います。そんな深い集中の中にいるとき、チューリップさんは時間と空間を超えて、心地よさを感じるでしょう。

他の人からしたら、その集中力とスピード感に、「ついていけない……」と思われることがあるかもしれません。人並みのスピードにあなたの勢いを合わせる必要はありません。あなたにはあなたのスピードで、思う存分才能を発揮させてください。

✤多才で時代の先を読む

並外れた言葉のセンスと芸術的な才能を持ち合わせています。作詞作曲や絵画、音楽、映画、ダンスなど、芸術的な感覚があります。一つの領域だけでなく、同時にビジネスセンスも持ち合わせ、とにかく多才です。

また、これまで誰もしたことがない、まだ世の中にないものを見出し、発信していく才能もあります。何が流行るか、時代の流れを読むこともできます。描いた理想に近づくようにあらゆる才能を活かして、感性豊かに現実にしていけるのです。その過程も面白く、人を引きつけるような表現で発信し、人気運があります。新しいもの、流行のものもさり気なく自分のものにし、常に新しい風を取り入れられます。

複数を同時にこなせる

頭の回転が早く、知的で多才、同時に複数のことをこなせる才能があります。頭の中にフォルダがいくつもあり、同時にタスクをこなしている感覚です。また、フィーリングで、今の自分に合ったことをする傾向もあります。ですからAということをしていても、ふとBが頭によぎると、同時進行で進めることができます。

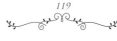

実は、チューリップさんは一つのことだけをするよりも、同時に複数を平行して進めたほうが、エネルギーがまわるという方が多いのです。私も発芽にチューリップがあるのですが、昔、仕事で4束のわらじを履いていたことがあります。昨日は図書館、今日はモデルの撮影、明日は数秘の仕事、明後日はモデルルームの受付の仕事……と、日によって仕事も場所もまったく違うことをしていました。毎日同じ会社で同じ仕事をするよりも、エネルギーがまわり、軽やかに日々を楽しく過ごすことができました。

好奇心の幅も広いので、いろいろ試してみたい想いの芽を潰さないでくださいね。試した先に、本当に好きなものと出会うこともあります。本当に好きな分野の中で、タスクを複数に分け、同時にこなせるという才能もあります。あなたには無限の可能性があります。興味のあることはワクワクに従ってみませんか？　チューリップさんにしかできないやり方があるのだから。

✤気分転換が大切

目的に向かって行動しているとき、ずっと同じ場所に留まるよりも、違う場所や違う空気を吸うことで、またリフレッシュしてさらにやる気が湧いてきます。旅をしながら仕事をするスタイルを好む人もいます。会社の中でも、ずっと同じデスクに座って仕事をしていると息が詰まってしまうことも……。

社内を移動したり、外に出たりするほうが、自由を感じられて自分らしくいられるでしょう。少しでも気分転換をしたいなと思ったら、我慢せずにできる範囲で気分転換を大切にしてみてくださいね。外に出るのが難しい場合は、手を洗う、飲む、食べる、香りを嗅ぐ、深呼吸するなどして、リフレッシュする時間を取り入れてみるとよいでしょう。

✤特殊な32／5。人生がアップダウンしやすく影響力の大きい人

生年月日を一桁にした合計数が「32」で、「5」になる方は、特殊な数字として誕生花セラピーでは扱っています。合計数が「5」になるのは、5、14、23、32、41、50です。多

くの数秘術「5」のチューリップの方を拝見していく中で、「32／5」の方は、他の数字の合計数と違うエネルギーがあることに気がつきました。どちらかというと数秘術「33虹の花」に近い要素があり、人生がアップダウンしやすい傾向があります。多才で表現力が豊か、注目を浴びることも多く、まわりの人に大きい影響力を持ちます。

有名人では宇多田ヒカルさん、吉田美和さんなど、圧倒的な才能と影響力で、人生がドラマチックになる傾向があります。コマは高速で回っているほうが安定します。これは、休みなく働き続けるという意味ではなく、心が活き活きと動いているほうが安定するということです。32／5の方も、コマのように「不安定が安定」という感覚があります。「安定しなきゃ」と思うほど自分らしさを失い、不安感が強くなることもあります。

バランスを崩すと

エネルギーが過剰になってバランスを崩すと、テンションが上がりすぎ、落ち着けなくなってしまいます。また、人や物事へはまりすぎてしまい、依存、中毒性が出てしまうことがあります。時間を忘れ、まわりが見えなくなるほど集中できる点は素晴らしい才能です。しかし、バランスを崩すと、日常生活に支障をきたすこともあります。変化と刺激を求めるあまり、自分自身を見失わないよう客観的な視点を持つとよいでしょう。他人の望む人物像を演じられる分、本当の自分がわからなくなってしまうことがあるかもしれません。役者が演技を終えたあと、素の自分に戻るように、等身大の自分を認めてあげられると、より楽に生きられるでしょう。

バランスを崩し、エネルギーが不足すると、やる気がなくなり、気分が落ち込んでしまいます。家に閉じこもって、誰とも会いたくない状態になることも。そんなときは、自分の気持ちに正直になりましょう。無理に外に出なくても大丈夫。思う存分休憩をしたら、好奇心旺盛なあなたは、自然と外に出たくなります。安心してくださいね。

またバランスを崩すと、想像力豊かな面が過去を振り返り、思い悩み、不安や心配が大きくなってしまうこともあるでしょう。本来は自由を愛し、束縛を嫌う傾向がありますが、バランスを崩すと寂しがりやの面が出て、相手を束縛することもあるかもしれません。「壁に当たってから悩めばいいか」と、気持ちを楽に持ってみるとよいでしょう。

❁発芽と根が「チューリップ」の場合

＊発芽、根が「チューリップ」の方も、基本的な性質、魅力はメインの誕生花「チューリップ」の解説と同じです。

「発芽」が、チューリップの場合、人の心や人間そのものを観察する力が、子どもの頃から優れている方が多いでしょう。そのため、自然と相手の雰囲気やフィーリングを感じ取り、無意識に自分を変化させ、バランスをとっています。柔和で自由な雰囲気で、若々しい印象の方も多いです。人から注目されるのは恥ずかしいけれど、人に見られることで、活き活きと輝けるタイプの方もいるでしょう。

「根」がチューリップの場合、もう一人のあなたは、枠にとらわれない自由な発想で、周囲の気持ちを軽くしてくれる存在です。地に足がついた雰囲気がありながらも、遊び心も持ち合わせています。普段は穏やかでも、いざというときには臨機応変にスピーディーな対応ができます。大人しい面と勝負師のように大胆な面を持ち合わせ、奥深い魅力となっています。一見してもわからない多芸多才、多趣味な面もあるでしょう。

チューリップさんとのコミュニケーション方法

理論や理屈を語るより、フィーリングや感覚的な部分を大切にしてあげましょう。頭の回転が早く、アイデアや話題も豊富なので、ノリよく話を聞いてあげると喜ばれます。決まりきった枠の中や、厳しい規則に押し込めようとすると、逃げ出したくなってしまいます。自由にしてもらいながらも、たとえば「何時頃に一度連絡してね」と、約束事を一つだけ決めるなどしてみるとよいでしょう。

その日の気分で予定を決めたいところがあるので、何か月も前から予定を決めるのは苦手。アポイントなしに、チューリップさんから当日誘われても、本人は悪気なく自分の気持ちに正直に行動しているだけです。その瞬間瞬間を大切に生きたいタイプなので、興味の対象が日ごとに変わることもあります。周囲の人は困惑するかもしれませんが、温かく見守ってあげましょう。

誕生花「5 チューリップ」の有名人（敬称略）

長嶋茂雄　松本潤　三谷幸喜　孫正義　有田哲平　フィンセント・ファン・ゴッホ
宇多田ヒカル　吉田美和　綾瀬はるか　斉藤由貴　篠原涼子　武井咲　柴咲コウ

6 カーネーション

花と数字の特徴

カーネーションはナデシコ科の多年草で、原産地は南ヨーロッパ、西アジアです。カーネーションの名前の由来は、16〜17世紀頃、イギリスの戴冠式《たいかんしき》で花冠《はなかんむり》に使用したので、「Coronation 戴冠式」の名からきているといわれています。

和名は「オランダ石竹《せきちく》」で、別名は「アンジャベル」「オランダナデシコ（阿蘭陀撫子）」「ジャコウナデシコ（麝香撫子）」。学名は「*Dianthus Caryophyllus* L.」。英語でカーネーションは「Carnation」、フランス語では「œilet」と呼びます。日本には江戸時代、１６６０年代に渡来したとされています。

母の日は１９１４年にアメリカで制定されました。はじまりは、ボランティアとして町の子どもたちのために一生をつくした女性の死を偲び、その娘アンナ・ジャービスが子どもたちを集めて母の命日にカーネーションを配ったことがはじまりとされています。カーネーションに優しい愛を感じますね。

数秘術の「6」は、優しさ、母性、調和、バランス、美、家庭、平和、教育、育てる、愛を注ぐ、責任といった意味があります。かたつむりの殻や、ひまわりの種の配列をよく見ると渦を巻いたような形になっています。これらは黄金螺旋《おうごんらせん》または対数螺旋といわれ、人間が最も美しいと感じる「1：1．618」に関連しています。

数字の「6」という形も渦を巻いているような、螺旋を描いたような形に似ています。このことからも数秘術「6」には美しさ、バランスといった意味があります。また、数字の「6」という形は、お腹の大きな妊婦さんのようにも見えます。さらに、子どもを膝に乗せ、座っている姿にも見えます。まさに、母性、家庭、育てる、愛を注ぐといった数秘「6」の意味のイメージそのものですね。そのほか、三角形が上下に合わさった六芒星《ろくぼうせい》を象徴しているともいわれます。

❇基本的な性質・魅力（誕生花、発芽、根共通）

✣母性あふれる柔らかい優しさが魅力

カーネーションと聞くと「母の日」を思い浮かべる方も多いと思います。まさにカーネーションさんは、**母性にあふれた優しさが最大の魅力**です。困っている人がいると、放っておけない人一倍愛情深いところもあります。カーネーションの花びらは、ひらひらと繊細で可憐な印象があります。しかし花は意外と丈夫で、長持ちするのも特徴です。このように、一見ふんわり柔らかい印象のカーネーションさんですが、しっかりと芯を持っています。あなたの人の役に立ちたいと願う温柔敦厚な魅力は、多くの人の心を和らげます。

穏やかで平和的

カーネーションさんは争いが嫌いで平和を好みます。とても感情豊かで繊細、ささいなことにも感情移入しやすい傾向があります。そのため、気持ちがギスギスしたり、悲しくなることは、人一倍つらく感じます。争いや荒々しい環境にいるだけで、エネルギーが消耗し、疲れ果ててしまうことも。どちらかというと、いつも陽だまりの中にいるような平穏な環境を好みます。干したての布団のお日さまの匂いに深い幸せを感じるような、温かい心の持ち主です。たとえ周囲が争いになりそうな場面でも、持ち前の穏やかな優しさで、平和的解決に努めるでしょう。

人の役に立てることが喜び

カーネーションさんにとって何より大切なのが、「人の役に立てる」ことです。人の役に立てたとき、誰よりも喜びを感じます。生まれつき「優しさ」がインストールされているため、自然と「人の役に立てること」に気づき、行動することができます。そのため、「人の役に立つこと」へのハードルが人一倍強くなってしまうことがあります。「こんなことくらいじゃ役に立ててないかもしれない」と自分を卑下しないでくださいね。あなたがあたりまえにしているその優しさは才能です。あなたが「人の役に立ちたい」と願うその純粋な想いは、十分に届いています。常日頃、あなたの言動を通して、周囲の人はあなたの温情の厚さを感じていることでしょう。

感謝の気持ちや見返りを求めないほうがうまくいく

先ほど、カーネーションさんは「人の役に立てることが喜び」とお話ししました。しかし、それが原因で、自分で自分を苦しめてしまうことがあるでしょう。

たとえば、「落としたペンを拾ってあげたのに、ありがとうの一言もなかった」とがっかりすることがあるかもしれません。そのほか、日常で自分の好意が報われないことが続くと、「こんなにしてあげたのに」と、ある日突然、爆発してしまうこともあるかもしれません。

人間ですから「ありがとう」の言葉や気持ちが欲しくなるのは仕方のないことです。けれど、まずは「自分がしたいからしている」と考えてみるのはいかがでしょうか？　相手の反応や「ありがとう」の見返りはいっさい期待しないこと。相手が「ありがとう」と言おうが言うまいが、関係のないことです。ただ、「自分がしたいからしている」と、軽やかな気持ちで優しさを実践してみると、楽になれるでしょう。

✤夢を描けるロマンチックな才能

カーネーションさんには、ロマンチックな夢を描くことができる才能があります。周囲の人が、「そんな夢みたいなこと言って」と、心ない言葉を投げかけることがあるかもしれません。けれど、その言葉にあなたの才能を潰されないでくださいね。あなたの才能は思いきり夢を描けることです。それは時に、誰も想像できないほどの美しい世界観であることもあります。

すぐに実現する夢は「予定」ともいえます。「予定」の域を越え、まだ現実にない遠くの理想を描くこと、それが「夢」なのです。「心に描けることは叶う」といわれています。まず現状よりもずっと先の「夢」を描きましょう。あなたにはそれができます。自信を持って、思う存分夢を描いてくださいね。夢を描くことが、実際に形にするきっかけとなります。そして、ともに形にする周囲の人が存在しているのですから。

✤想像力、妄想力の豊かさゆえ心配性に

先ほど、カーネーションさんは夢を描ける才能があるとお伝えしました。その才能ゆえ、どうしようもない心配性が顔を出してしまうときがあるでしょう。先を予測し「もし、こ

うなったらどうしよう」と、あれこれ心配事が浮かんできてしまうこともあるかもしれません。心配がすぎると、行動を狭めてしまうことも出てくるでしょう。しかしそれは、もしもに備えて準備ができる、しっかりとした面を持っているとも考えられます。

母親は赤ん坊が泣いたら「お腹が空いているかもしれない」「布団が熱いかもしれない」「眠いかもしれない」と察して対処します。カーネーションさんも母性あふれるタイプなので、先を読み、察することができる才能があります。未来を心配しすぎて動けなくなったときに、こう思い出してください。「心配するのは危険を察することができる証拠。だから、危機回避できる準備をすればいいだけ。そして心配と同じだけ、いやそれ以上に理想の未来を描ける力を私は持っているのだ」と。

美の感性が天才的

カーネーションさんが「どちらにしようかな」と迷ったとき、惹かれるのは「美しいほう」です。審美眼があり、あらゆる物事から「美」を見出す感性を持っています。実際、カーネーションさん自身も、美しい雰囲気を持つ美男美女が多いです。

数秘術「6」は黄金比に関連しているとお話ししました。カーネーションさんは黄金比など理屈で考えなくても、直感で「美しい・美しくない」を判断することができます。ファッション、音楽、料理、花、アートなどあらゆる「美」の感性がずば抜けています。どちらかというと、エレガントで繊細、優美な雰囲気を好む傾向もあります。花や香り、アクセサリーデザインやアートデザイナー、作詞作曲などとも縁がある方も多いでしょう。

家庭的な温かい雰囲気

人工的で都会的な雰囲気よりも、手作りの家庭的な雰囲気を好むでしょう。どこか人間の手が入っている温かさに、ホッとしやすい傾向があります。カーネーションさんは、物事を淡々と進めるというより、一つ一つ気持ちを入れて大切に進めたいという思いがあります。そのため、あらゆる物事にも一つ一つ心を込める優しさがあります。

大切な人へのプレゼントも、ただ購入するよりも手書きのメッセージカードを添えるなど、人の温もりを大切にするでしょう。また、母性があるため料理やお菓子も手作りして、美しくデコレーションするといったことも好きな方も多いでしょう。

境界線が大切なタイプ

困っている人を見ると放っておけないほど、愛情が深いカーネーションさん。困っている人を見て見ぬ振りをするほうが苦しくなるほどの、優しさを持っています。目の前の人の気持ちを自分の気持ちと重ね、自分も一緒に悲しくなったり、苦しくなったりしてしまうほど共感力が高いでしょう。そのため、相手との境界線がなくなり、「自分＝相手」と一体化しやすい傾向があるでしょう。

相手の問題を自分のことのように感じられる優しい共感力は素晴らしいです。しかし、相手の問題に、必要以上に感情移入してしまうと、自らも相手のエネルギーに引っ張られ、共倒れしてしまいます。また、相手がカーネーションさんの優しさに甘えすぎることもあります。その場合、相手の抱えている問題をカーネーションさんが肩代わりする形となってしまうこともあるでしょう。

こんな受講生のエピソードがありました。受講生のMちゃんは、優しい雰囲気あふれるかわいらしいタイプの、誕生花「6カーネーション」さん。講座中カーネーションの「相手の問題を抱えてしまうから、注意が必要」という話したときです。「もっと早く知りたかった……」と、ポロポロ大粒の涙をこぼしました。そしてこう話してくれました。「以前おつき合いしていた彼がダメンズで、困っている姿を見てつい助けたくなって。結局、金銭のトラブルになって自分が苦しい状況になってしまいました」。カーネーションさんの純粋な優しさも、相手との境界線があいまいになると、自分を苦しめてしまうことになってしまいます。

✤感情に深く入りやすい傾向

カーネーションさんは全身で感情を受け止めます。そのため、感情が深く残りやすい傾向にあります。ポジティブな感情が深く残るのは、幸せなことですが、ネガティブな感情が深く残っていると、苦しい状態に陥ります。

そのような状態のときは、「浅く、短く」を思い出してくださいね。深い苦しみの底にいるとき、考えすぎている自分に気づくと、気持ちが楽になるかもしれません。私自身も数秘33で、誕生花は「虹の花」ですが、「33」は一桁にすると「6」という意味があり、深く考えすぎて苦しくなるときがあります。先日、深く長く悩んでいて、「浅く、短く」というワードが降りてきました。深く入りすぎていた自分に気がつき、気持ちを切り替えることができました。

正義感

普段はとても穏やかなカーネーションさんですが、周囲が驚くほど人が変わるときがあります。それは、大切な人がいやな目に遭っているときです。自分がいやな目に遭ったときよりも、全力で守ろうと人が変わったように怒ることがあります。

カーネーションさんは母性が強いタイプですが、母親は子どもを守るときは、強くなれます。「優しさ」というのは、「大切な人を守れる」強さに変わることがあるのですね。

✻バランスを崩すと

バランスを崩し、エネルギーが過剰になると、完璧を求める気持ちが顔を出します。完璧な愛、完璧な優しさ、完璧な美しさなど、完璧な理想の世界を求めてしまう傾向があるでしょう。完璧な愛を相手に求めるあまり、「give」ではなく「take」ばかりになり、「こんなに思っているのに」と、見返りを強く求めるようになってしまいます。「足りない」ところにばかり目が向き、自分で自分を苦しめてしまうこともあります。とても苦しいですよね。まずは、完璧を求めてしまう自分に気づくことが大切です。肩の力を抜いて、カーネーションの長所でもある大らかさでゆったりと構えてみませんか？　安心してください。あなたの中に愛や美しさはすでに存在しているのだから。

バランスを崩し、エネルギーが不足すると、優しさはあるのに素直に表現できないこともあるでしょう。その奥には「愛への恐れ」が潜んでいることがあります。本来は長所として持っている「優しさ・愛」に対する恐れが強くなると、それらを感じないようにしてしまいがちです。「感じなければ傷つくことはないから」と、殻にこもってしまうかもしれません。本当は優しさや愛を持っているのに、それを感じないようにするのは葛藤が生じてつらいですよね。「優しさ・愛」への恐れが出たら、それはあなた自身に「優しさ・愛」がある証拠です。持っていなければ、恐れの感情は出ないのだから。あなたの「優しさ・愛」

は、あなた自身や他者の傷をも癒やす力があります。

❇発芽と根が「カーネーション」の場合

＊発芽、根が「カーネーション」の方も、基本的な性質、魅力はメインの誕生花「カーネーション」の解説と同じです。

「発芽」が、カーネーションさんの場合、子どもの頃から自然と相手の気持ちを汲むことができていた、優しい方が多いでしょう。困っている人がいたら、自分のことのように心が痛み、共感します。友人からの相談にのることも多いかもしれません。親身になって相談を聞いてあげられます。また「美」に興味がある方も多いでしょう。特に母親と縁があることが多く、大人になっても母親の影響を強く受けやすい傾向があります。

「根」がカーネーションさんの場合、もう一人のあなたは、周囲がピリピリとした雰囲気になったときでも場を和ませてくれる、癒やしの存在でしょう。普段は割とポーカーフェイスの方でも、動物や子ども、ヒューマニティーな物語に感動しやすく、涙もろいことも。また、相手のためにさり気なく気遣いができる方も多いでしょう。会えば会うほど、優しい面が伝わります。仲よくなると、相手が喜んでくれることが自分の喜びと感じるようになります。さり気なく尽くしてくれる優しさが魅力です。

✻カーネーションさんとのコミュニケーション方法

カーネーションさんは優しさにあふれ、繊細な面があるので、「安心感」を感じさせることが大切です。ささいなことでも、カーネーションさんがしてくれたことには、感謝を素直に伝えるとよいでしょう。

また、カーネーションさんは何か人の役に立つことで、自分の存在価値を見出す傾向がより強くあります。そのため、「何かしてあげなくては……」と不安感を感じていることもあります。日頃から「あなたの存在そのものがうれしい」と伝えてあげると、無理せず、お互いに優しさのキャッチボールができるでしょう。感情と深くリンクしやすいこともあるので、悩んだとき、深く重くなることがあるかもしれません。そんなときは、「つらいよね」と寄り添い、「大丈夫」と、前向きに声がけをしてあげるとよいでしょう。

誕生花「6 カーネーション」の有名人（敬称略）

米津玄師　ジョン・レノン　久石譲　マイケル・ジャクソン　玉木宏　桐谷健太
山田孝之　深田恭子　小倉優子　相田翔子　中島みゆき　戸田恵梨香　中村アン　壇蜜

7

カラー

✻花と数字の特徴

カラーはサトイモ科の多年草で、原産地は南アフリカです。カラーの名前の由来は、カトリックのシスターの襟の形（襟は英語でカラー）に似ていることからつけられたといわれています。また、ギリシャ語で「美」を意味するカロスに由来するという説もあります。

和名は「オランダカイウ（阿蘭陀海芋）」で別名は、「カイウ（海芋）」「バンカイウ（蕃海芋）」などといわれます。学名は「*Zantedeschia aethiopica* L.」。英語でカラーは「Calla」、フランス語では「Arum」と呼ばれます。日本には弘化年間（１８４４～１８４８）に渡来したとされています。実は、カラーの花びらのように見える白い部分は、仏炎苞《ぶつえんほう》といい、ガクが変化したものです。本当の花は仏炎苞に包まれた、中の黄色い棒状の部分です。カラーはスッとした姿で、一本でも絵になります。エレガントな雰囲気が人気で、結婚式のブーケとしても使われています。

数秘術の「7」は、自立、マイペース、分析、冷静、独自のこだわり、探求、ミステリアスなどといった意味があります。一週間は「月火水木金土日」と7日、音階も「ドレミファソラシ」の7つなど、「7」は一つの周期の終わりといった意味もあります。

また、チャクラも基本は第1チャクラから第7チャクラで構成されています。このことからも、形なく、目に見えないものの一つの塊を表している数字でもあります。ですから、精神世界や直感力にも優れたスピリチュアリティーな数字といえます。

数字の「7」の形も線が真っ直ぐではなく、斜めになっています。「1」は真っ直ぐですが、「7」は斜めになることから、どこかミステリアスで斜に構えた雰囲気もあるでしょう。「7」を「3＋4」に分解すると「3」の三角形と「4」の四角形が組み合わさった図形になります。「3」の創造性と「4」の物質的な性質が合わさっているともいえるでしょう。

基本的な性質・魅力（誕生花、発芽、根共通）

一人で解決しようとする自立した魅力

色合いも白でシンプル、上品でスッと一本でも絵になるカラーの花。他の花と交わらなくても、カラー一本にリボンをつけて、それだけで結婚式のブーケになるほど存在感があります。カラーさんは人に頼るより、自分を信じて自分で解決しようとする、**自立しているところが魅力**です。

直感力に優れ、自分に厳しいストイックなタイプの方が多いです。一人が好きですが、実は寂しがりやの一面もあるでしょう。探究心を持ち、たった一人でも極める姿は、多くの人から尊敬され、信頼されます。

✤一人の時間が大切。よい意味でマイペース

カラーさんにとって何より大切になるのが「一人の時間」です。長時間、大勢の人と一緒にいると、ストレスを感じやすいタイプの方が多いでしょう。自分のペースが保てない環境は特にしんどいと感じます。

なぜなら、カラーさんはよい意味で「マイペース」な面があるからです。マイペースといっても、わがままとは違います。カラーさんのマイペースさは、もっと自分の内側とつながるマイペースです。ですから、無理してまわりに合わせるのではなく、カラーさんの心地よい自分のペースを大切にしてくださいね。そして一日の中で、短くてもいいから一人になれる時間をとって、「自分とつながる」時間を大切にしてみてくださいね。

✤鋭い感性で視覚、聴覚が鋭敏

一人の時間が必要な理由はもう一つあります。それは、カラーさんは感性が鋭く、視覚・聴覚が鋭敏で繊細な方が多いからです。相手やまわりにいる人々のエネルギーや感覚を受

け取ってしまいやすいのです。受け取ろうとしなくても、カラーさんはエネルギーを感じやすいでしょう。そのため、無意識に疲れてしまうこともあります。ですから、一人になって自分に戻る時間が大切になってきます。

カラーさんは人混みも苦手です。遊園地、お祭りやセール会場など、人混みやうるさい場所が苦手な方は少なくありません。もし、そのような場所につき合わなくてはいけないときは、時間を短めにしましょう。また、途中で別行動し、決めた時間に合流するなど工夫をしてみると疲れすぎるのを防げます。まわりが騒々しくなく、静かに集中して本を読める時間や、一人でパソコンに集中できる時間などに幸せを感じやすい方も多いです。

❖直感力に優れている

ルートナンバー（数秘術の一桁の1～9のこと）の中で、一番直感力があるのがカラーさんです。「なんとなく」の鋭い勘はピカイチです。ですから、精神世界や神秘的なものに惹かれることも多いでしょう。常に人といては、直感力が鈍くなってしまいます。一人の時間を持って自分とつながることで、直感力もより磨かれます。

直感力や精神世界に興味があるからといって、ふわふわした不思議な感性とは違う魅力があります。どちらかというと、知的探究心で精神世界や神秘的なことを研究しているような雰囲気の方が多いです。

✤各自別々の行動をしても根底は愛でつながっている

大阪の受講生Kちゃんは、誕生花セラピーの家族セラピーを習い、「家族の謎が解けた」と話してくれました。Kちゃんは旦那様とお子さん2人の4人家族です。Kちゃんは誕生花が「7 カラー」さんで、こう話してくれました。

「家にはテレビが一つしかないんです。そうすることでリビングにみんな集まって家族団らんになると思ったから。でも、いつも食事が終わると、みんな各自自分の部屋に入ってしまって……。今はスマホでテレビも観られますしね（笑）。でも、家族セラピーでみんなにカラーがあることがわかり、一人の時間が必要とわかりました。それまでは、一般的な家族のように、みんながリビングに集まって話すことが家族団らんと思っていました。よく考えてみると、各自、自分の部屋に行きますが、何か集まるときは、一致団結してスッとリビングに集まっているんです。これが我が家の、一人一人が無理しない家族の形だと気づけました」。これもまた、家族の愛の形ですね。

✤とことん探求、いつも「問いと答え」を考えている思想家タイプも

気になることはとことん探求、研究するタイプの方も多いでしょう。興味のある物事を、根本から知りたい知識欲もあります。研究者のように一つの分野を深く掘り下げ、専門家になる方も多いでしょう。数値やデータを分析して、理論的に解説することもできます。

これは、世の中にまだないものをつくり上げるパワーにもなっていきます。カラーさんは思いきり集中して好きなことを探求、研究することで、エネルギーが湧いてくるのです。

自然と「問い」が自分の中に浮かび、「答え」を探し出そうと、思考の旅に出ます。「人生とは？」「幸せとは？」「人間とは？」など、壮大なスケールで考えやすいでしょう。ですから、そのようなことを語り合える人を好む傾向もあります。中身のない話よりも、知識欲がくすぐられるような話をするのも好きです。根拠のない話はあまり好きではなく、気になることは根拠をとことん調べるところもあるでしょう。

✤弱音を吐けず、一人で抱え込みやすい

一人でいるのが好きなカラーさんですが、悩みや弱音も一人で抱えてしまう傾向があります。あまりに深く考えすぎて、悩まなくてよいことでも悩んでしまいます。ストイックで完璧主義なところがあるので、悩みが深く重くなり、抜け出しにくくなります。理性で自分を厳しく律するところもあり、ネガティブな感情を溜め込みやすくなることも。

弱音を吐くことに、人一倍ハードルを高く感じています。「大丈夫？　悩んでいない？」。そう聞かれても「大丈夫」と答えてしまうのがカラーさんです。しかし、本当に信頼できる人には、ポロリと弱音や悩みを打ち明けることもあるでしょう。その際も、サラッとドライに話して、感情を全開にして取り乱すことはないでしょう。

✿クールだけど情に厚い面も

一見クールに見えるカラーさんですが、実はとても情に厚く、包容力があります。さらりとクールに表現するだけで、内側は愛情深い方が多いです。何を考えているのかわからず、ミステリアスに映るときがあります。しかし、カラーさんは多くを語らないまでも、ちゃんと見守ってくれています。

✿なれなれしくプライベートに入ってくる人が苦手

初対面でいきなりプライベートに切り込んだ質問されること、根掘り葉掘り聞いてくる人には嫌悪感を抱きます。相手はカラーさんに興味があって、悪気なく聞いているだけです。上手に交わしてストレスを溜めないようにしてくださいね。数は少ないですが、仲よくなり、信頼した人には、とことん心を開くでしょう。

✿改善、改良、革命家のように前に進む人

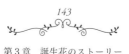

「今より、もっとよくなるには」と、あらゆる物事に改善、改良の手を加えることのできる人です。言われたことをただすればよいというのではなく、やるからには少しでもよくしたいと考えています。ですから、仕事も責任感を持って、プラスαしたものをつくることができます。細かい点にも気づける細やかな感性も持ち合わせているので、人々が気づ

かない点を改良していくことができます。

とにかくカラーさんは「今」に留まっているよりも、前に進んでいたい革命家のようなところがあります。まだ誰も試したことのないようなことでも、臆することなく行い、「必ずよくなる」と確信しているかのようです。誰も気づかなかった不要なルールや常識を冷静に分析し、改善していくことができます。何か問題が起きても感情的にならず、事実を明確にすることができます。そして、解決法を伝え、自ら率先して行動することができます。決して自分が自分がと目立つタイプではないのですが、影のリーダータイプともいえます。

自分に厳しいですが、相手には割と寛容でおおらかな面もあります。女性は、一見かわいらしく柔らかいタイプの方が多いのですが、実は効率を考えて前に進んでいたい「できるタイプ」の方も多いのです。

人と違う独自の個性

カラーさんは、人と同じであることを好まない傾向があります。他の人がまだしていないこと、独自のものを創造したいと思いがちです。そのこだわりに気づいてもらえると、うれしくなります。普段はあまり口数が多くないカラーさんでも、独自のこだわりを理解してくれる人には、つい語りすぎる、熱い一面もあります。

また独自の視点から、時代を先取りした仕事をすることもあるでしょう。さらに、カラーの花のようにスッと一本、シンプルで気品あふれる上質なものを好む傾向があるでしょう。ゴテゴテしたデザインよりすっきりとしたデザイン、洗練されたむだのないものを好む傾向もあるでしょう。建築物やインテリア、車なども上品で高級感のあるものを好みます。

カラーさんは知的な品性を持つ方が多く、それらのデザインが似合う方も多いです。

特殊な数字「34／7」人生が波乱万丈になりやすい

チューリップの解説で「32／5」は特殊な数字とお伝えしました。同様に、「34」は「33」の次の数字で、「33虹の花」のように人生が不思議と波乱万丈になりやすい傾向があります。「32／5」のチューリップさんと違うのは、「34／7」のカラーさんは波乱万丈であることを表に出しません。「32／5」のチューリップさんは人生や日々のアップダウンが表に現れやすいタイプでもあります。「34／7」のカラーさんはよくよく聞くと、実は波乱万丈を経験しているということがあります。ミステリアスで多くを語らないカラーさんならではですね。

バランスを崩すと

バランスを崩し、エネルギーが過剰になると、がんこな面が強く出がち。こだわりがあることは素晴らしいのですが、こだわりが強すぎてまわりから孤立してしまうことがあります。また、他人と関わることがおっくうになり、一人の世界にこもりがちです。けれど、うまく他人と関わることができないと悩まないでくださいね。あなたが心地よく一緒に過ごすことのできる相手と、無理のない範囲で交流しましょう。カラーさん自身が心地よい関係性を求めればよいのです。カラーさんは独自性が魅力でもあります。それがカラーさんらしく輝く秘訣です。

エネルギーが不足すると、一人で決断、やり抜くことに不安を感じやすくなります。孤独を愛する割に根底では寂しがりやなので、葛藤に苦しむこともあるでしょう。本来カラーさんは自立し、自ら決断し、道を切り開いていく才能があります。しかし反対に、それらが極端に怖くなり、他者に意見を求めてしまうのです。また、誰かと一緒にいたくなることもあります。

カラーさんは一人の時間に内側とつながることでバランスがとれるタイプです。ですから、一人でいることに不安に感じたら、静かに瞑想する、何かに集中することでエネルギーが回復してくるでしょう。そうすることで持ち前の直感力が働き、問いの答えがふっと降りてくるようなこともあるでしょう。

発芽と根が「カラー」の場合

＊発芽、根が「カラー」の方も、基本的な性質、魅力はメインの誕生花「カラー」の解説と同じです。

「発芽」がカラーさんの場合、子どもの頃からいつも何かに集中しているタイプが多いでしょう。親御さんからすると、お子さんが一人でずっと本を読んでいて「大丈夫かしら」と心配になるかもしれませんが、カラーの子どもには、それが自然であたりまえのことなのです。無理に他者と交流させようと頑張らなくても大丈夫です。一人の時間を満喫したあとは、友だちとも楽しく交流できます。大人になっても一人の時間を上手に過ごせます。

「根」がカラーさんの場合、もう一人のあなたは、いざというとき、鋭い分析力と冷静な判断で問題を解決してくれる頼もしいところがあるでしょう。興味のあることはストイックにとことん探求し続ける研究者のような面もあります。普段は社交的ですが、一人でいることも嫌いではなく、一人でやり抜く力も持ち合わせています。周囲の人からは意外なギャップで魅力的に映ることもあるでしょう。あまりなれなれしくつき合うのは好きではないため、適度な距離感を保つと、自分のペースを守ることができるでしょう。

カラーさんとのコミュニケーション方法

カラーさんはプライバシーを重視するタイプなので、初対面や親しくなる前に、プライベートなことを根掘り葉掘り聞かないほうがよいでしょう。人と同じものはいやだと思っているので、こだわりを認めると喜んでくれるでしょう。また、カラーさんの専門性や持論をとことん聞いてあげると、活き活きと話してくれるでしょう。中身のない話には興味がないので、深い哲学的な話や知的な話をするとよいでしょう。

人と群れることも苦手なので、無理に誘わないほうが賢明です。しかし、自分の世界に閉じこもり、ストレスを抱えていそうなときは、少人数か一対一で、息抜きに誘ってあげるのがおすすめです。その際、ガヤガヤうるさい場所よりは、落ち着いた雰囲気のお店がよいでしょう。カラーさんへの手土産は、上質で洗練されたものが喜ばれます。

誕生花「7 カラー」の有名人（敬称略）

木村拓哉　イチロー　滝沢秀明　東山紀之　レオナルド・ディカプリオ　ジョニー・デップ
松嶋菜々子　藤原紀香　山田優　水川あさみ　長澤まさみ　広末涼子　マリリン・モンロー

8 ダリア

花と数字の特徴

ダリアはキク科の多年草で、原産地はメキシコです。ダリアの名前の由来は、メキシコからスペインに送られた種子を開花させたスウェーデンの植物学者アンドレアス・ダール（M.Andreas dalh）の名をとったものといわれています。

和名は「テンジクボタン（天竺牡丹）」で別名は、「ダリヤ」「ダーリア」などといわれています。学名は「*Dahlia pinnata* Cav.」英語でダリアは「Dahlia」、フランス語では「Dahlia」と呼ばれます。日本には天保年間頃（１８３０～１８４４）に渡来したとされます。ダリアの花のサイズは、超巨大輪から極小輪、丈も高いものから低いものまでさまざまあります。また、咲き方も多種多様で、品種の数は世界で３００００種を超えるといわれます。牡丹に似ていることから、和名「天竺牡丹」になったともいわれています。大輪の花を咲かせる華やかな印象のダリアは女性からとても人気があります。

数秘術の「8」は、拡大、チャレンジ、情熱、パワフル、ビジネス、仲間、無限大、発展、物質主義、豊かさなどといった意味があります。数字の「8」を横にすると無限大「∞」の形となります。また、漢数字の「八」は末広がりを意味します。このことからも、数秘術の「8」には拡大、パワフル、無限大といった意味があります。

また「8」は「4」の2倍です。「4」の現実的な面にパワフルさが加わった意味合いもあるとも考えられます。拡大傾向のある数字のため、一人だけのエネルギーより仲間とともに拡大、発展していく意味もあります。

中国においては、「8」はたいへん縁起のよい数字とされ、富、財、発展などの意味があり人気の数字です。ちなみに、八角形を英語で「octagon」、蛸は英語で「octopus」といいます。これらはラテン語の「octō（数字の8）」から来ています。

基本的な性質・魅力（誕生花、発芽、根共通）

仲間想いの情熱あふれるパワフルなタイプ

鮮やかな色で大輪の花を咲かせるダリアのように、**華やかでパワフルなところが魅力**です。情熱にあふれ、仲間を大切にするでしょう。仲間と理想を語り合うのも好きですが、現実的な結果も直視できるビジネスセンスを持ち合わせている方も少なくありません。自分が関わることには、情熱から「よいものにしたい」といったプロ意識を持つ傾向があります。また体育会系のようなあいさつや、上下関係を大切にしたい律儀で義理人情に熱い面がある方もいます。

根拠のない自信が自然とインストールされているタイプでもあるので、不思議と堂々と自信があるように見られることもあるでしょう。あなたの自信にあふれた言動は、多くの人のパワーになっていることでしょう。

全力投球・忙しいのが好き

気づけば全力投球していることはありませんか？　スケジュールが忙しく埋まっているほうが安心する……と思うダリアさんも少なくありません。パワフルなので、一つのことだけをするよりも、あれこれ多才にこなす能力も持っています。「やるからには精一杯頑張りたい」。何事にも全力投球できることは素晴らしい才能です。そのため、実際に成功する方も多くいるでしょう。

時には、「完璧でないと……」と、不安から無理をすることがあるかもしれません。そんなときは思い出してください。「あなたほど、見えないところで自分を奮い立たせ、頑張って精一杯取り組める方はいない」と。あなたの普通は、まわりの人の何倍もの努力であることもあります。全力投球しながら、休養も全力ですることも忘れないでくださいね。

✣社会と関わっていたい社交性の持ち主

友人の誕生花「8ダリア」のNちゃんは結婚当初、旦那さんとけんかをしたそうです。「一日中、家で専業主婦をするのはいや。社会と接していたい」。すると旦那さんが「社会と接していたいなら、新聞やテレビを見ればいいじゃないか」と言ったそうです。Nちゃんは「そういう意味ではなく、外で働いたり、社会と関わる活動をしたりしたい」と説明しました。誕生花「8ダリア」のNちゃんからすると、「何で伝わらないのだろう」と不思議だったそう。それだけダリアさんにとって、社会と関わっていたい想いは根づいているのですね。

結婚されている場合、専業主婦で過ごすことは、ダリアさんの外向的で社交的な魅力が発揮されにくい環境ともいえます。実際に、誕生花「8ダリア」さんで、ずっと専業主婦をしていて自分らしくなくなってしまった女性もいます。大輪の花を華やかに咲かせるダリアさんが社会と関わらずに閉じこもってしまうと、ダリアの花がしおれてしまうのですね。もし、ダリアさんで「自分らしさがわからない」と悩んでいたら、どんなことでもいいので、社会と関わることをされると、活き活きと咲き誇ることができるかもしれません。

✣本音直球、白黒はっきりさせたい

何事も本音で直球を好む傾向があるでしょう。曲がったことが嫌いで情熱的なタイプの方も多いので、かけ引きは苦手なところがあるでしょう。また、中途半端なことがいやで、白黒はっきりさせたいところもあります。

受講生のAちゃんは、誕生花「8 ダリア」の華やかなタイプの女性で、発芽は「2 かすみ草」です。講座中、恋愛の話になり、こんなエピソードを話してくれました。

「今の彼とつき合う前、何回かデートはしているけど、つき合うかつき合わないか、はっきりしなくて。普段は彼に合わせていたけど、ある日、つき合うのか、つき合わないのか、はっきりして！と伝えました」。発芽「2 かすみ草」の相手に合わせつつ、白黒はっきりしないのがいやな誕生花「8 ダリア」さんらしいエピソードです。

✤頼れる存在でいたい、弱みを見せない

先ほどもお伝えしましたが、ダリアさんは堂々として自信があるように見られることが多いです。まわりが思うほど本人に自信がなかったとしても、弱みはなるべく見せたくないとふるまうこともあるでしょう。それがよりダリアさんの存在感を増すことにつながっているでしょう。ダリアさんは、困っている人の頼れる存在でいたいという思いのある方が多いです。ですから、頼りないと思われたくなく、弱みを見せないところがあるのでしょう。それだけ人の力になりたいという熱い想いがあふれているのです。

✿盛り上げ上手でも、ふと疲れてしまうことも

グループの中でも無意識にまわりを盛り上げようと、空気を読んでいるのがダリアさんです。いつのまにか、場を上手に仕切ってくれていることもあるでしょう。ダリアさんは自分が疲れていても「盛り上げ役」に徹してくれます。会が終わり、一人になると、ふと疲れが襲ってくることも。それだけ頑張って「場を楽しませよう」としてくれているのです。

たまに、無理に盛り上げようと気を遣って、空回りしてしまうこともあるかもしれません。仲間意識が強いため、みんなで楽しい時間を過ごすことを望んでいます。ですから、シーンと静まり返るのが苦手で、何かと気を遣って場を楽しませようとするのです。初対面で集まるシーンでも、率先して仕切ってくれるのがダリアさんです。

✿応援するのが上手

「できるか、できないかはやってみないとわからない」と、実行力にあふれたタイプの方も多いでしょう。他の人が、「もう、無理かもしれない……」とあきらめるようなことも、ダリアさんはあふれる自信と実行力で、乗り越える力を持っています。

私の友人のNちゃんと一緒にコラボセミナーを主催したときでした。開催間近になっても、思ったより参加者様が集まらないことがありました。「今回は、少人数の開催になりますね」とNちゃんに話すと「まだ、開催まで数日あるからお申し込みがあるかもしれない。

できることをしましょう!」とギリギリまであきらめずに励ましてくれました。その結果、開催ギリギリにお申し込みが増え、予定していた人数で開催することができたのです。

ダリアさんは、情熱的でもあるので、「できるよ!」と熱く励ましてくれる頼もしい存在でもあります。ダリアさん自身が落ち込んでいたとしても、人を熱く励ましていると、気づけば自分のほうが元気になってくる。そんなダリアさんも多いでしょう。

困難があるほど燃えるチャレンジャー

子どもの頃から、大物の器が備わっていることが多いのも、ダリアさんの特徴の一つです。親から怒られても、案外ケロッとしています。何か失敗をしても、「なんとかなる」と根拠のない自信で立ち直りが早いのもダリアさんで、ポジティブに考えられる性質も魅力です。どちらかというと二番手よりもトップを好む、負けず嫌いな方も少なくありません。

勝つことや、成功のために、気づけば一心不乱に取り組んでいます。統率力があり、リーダーの資質があるため、組織のトップや社長タイプの方も多いでしょう。困難なことがあっても、臆することなく、「チャレンジしよう!」と熱く困難に立ち向かっていく強さを持ち合わせています。むしろ、普段何もない平穏なときよりも、困難が降りかかったときのほうが「自分はこんなもんじゃない」と、手腕を発揮するところがあるでしょう。

危機感を持ちながらも、ポジティブな精神力で現実的な解決策を考えることができます。

そしてそれを実行する力があります。まさに組織を引っ張るトップの気質です。

✖よく食べ、よく動き、よく働くバイタリティの持ち主

ダリアさんは控えめにしていると、本来の輝きが発揮できません。基本的に、小さくまとまるより、大きく広がる性質を持っています。ですから、あらゆることのスケールが大きいのです。パッと華やかな、キラキラ輝く大きなオーラを持ちます。実際に大ぶりのキラキラしたアクセサリーや時計、華やかなファッションを好む方が多く、とても似合います。また、人一倍体力があり、よく動き、よく遊びます。一見そんなに食べるタイプに見えなくても、実はよく食べる方も多いです。歩くときも、割と大股ではつらつと歩き、声も大きく、字も伸び伸びと大きく書くタイプの方が多いです。

✖分け与えること、シェアが好き、影響力がある

美味しいもの、よい情報、よい商品などを自分一人で留めておくのではなく、多くの人と共有したい気持ちを持っています。たとえば食事に行って、自分が注文した料理も「一緒にどう?」と分けてくれます。

ほかにも、自分のお気に入りの化粧品や食べ物について、熱くパワフルに語ってくれます。一人で独占するよりも仲間と分け合うことのほうが幸せを感じやすいのです。それだ

けまわりや仲間のことを、大切に思いやれる愛が根底にあるのでしょう。ですから、一人、また一人と仲間が増え、拡大していきます。影響力があるため、会社や組織、友人関係なども拡大していく能力があります。特にビジネスでは、自然と広まって人気が出ることから、ビジネスセンスがあると評価されます。

誕生花の合計数「44／8」の場合

誕生花セラピーでは基本的に「11、22、33」までのマスターナンバーのお花を扱います。しかし2020年10月の受講生さん限定で行ったフェイスブックのライブ中に、「数秘44のお花はないのですか？」と質問があったのをきっかけに、「44牡丹の花」が誕生しました。牡丹には「西洋の花の女王がバラなら東洋の花の女王は牡丹」といわれるほど、存在感があります。

誕生花の合計数が「数秘44」になるのはかなり稀な確率です。1900年後半7、8、9月生まれあたりに出現し、2000年以降は2499年になるまで出現しません。「数秘44」を扱う数秘術師は少なく、情報が少ないのも確かです。私自身がこれまで会った「数秘44」の2人と、受講生の身近にいる「数秘44」の方の特徴をヒアリングし、また海外の洋書を参考にしました。「数秘44」の特徴としては、タフ、超越、強靭《きょうじん》、唯一無二、現実的な成功、先駆者、正義感、懐の深さ、努力を惜しまない、などがあります。

✻バランスを崩すと

バランスを崩し、エネルギーが過剰になると、とにかく忙しくしていないと落ち着きません。本当は疲れていても、「多少の無理は平気」と自分の身体を大切にすることを忘れてしまいます。元来、体力気力がパワフルで恵まれている方も多いので、無理ができてしまうのです。だからこそ、意識して身体の声を聞き、休息しましょう。

情熱で突っ走って空回りし、まわりがついていけなくなることもあるかもしれません。白黒はっきりさせたい結果重視の面が強く出て、プロセスの大切さがなおざりにされることもあります。

エネルギーが不足すると、周囲の目や、周囲とのバランスを気にしすぎてしまうことも。本来は自信があっても無能なふりをし、セルフイメージを下げてしまうことがあるでしょう。また、お金とのつき合いに苦手意識を持ちがちです。「本当はこうしたい」「本当はこうなりたい」という願望を抑え、行動に移す前からあきらめてしまいます。エネルギー不足のときこそ、「自分がどうしたいのか」を強く意識するとよいでしょう。遠慮することはありません。大輪の鮮やかなダリアが小さく下を向いてしぼんでいたら、本来の魅力が発揮できませんね。真の自分のパワフルさを信じて大輪の花を咲かせましょう。

発芽と根が「ダリア」の場合

＊発芽、根が「ダリア」の方も、基本的な性質、魅力はメインの誕生花「ダリア」の解説と同じです。

「発芽」が、ダリアさんの場合、子どもの頃からポテンシャルが高く、大人のように現実的なところであるでしょう。ポジティブで楽観的、周囲を楽しませるのが好きな方も。さらに、負けず嫌いで熱い勝負師のような面もあります。金銭感覚が鋭く、ビジネス感覚があるため、早くから仕事で実力を発揮できます。仲間意識も強く、一人でするスポーツより、複数で行うスポーツや遊びを、楽しいと感じる方も多いでしょう。

「根」がダリアさんの場合、もう一人のあなたは、いざというとき、メンタルの強さで周囲の人から頼りにされます。パワフルで情熱的な面もあるため、一度決めたことはエネルギッシュに実行することができるでしょう。ビジネスセンスがあり、お金を稼ぐ才能もあるため、事業が成功しやすい傾向もあります。一見、おとなしく見えるタイプの方でも、実は隠れた行動力やパワフルさを持っています。いざというとき、現実的な解決策や提案で、周囲の人を引っ張ってくれる隠れリーダータイプの面もあるでしょう。

ダリアさんとのコミュニケーション方法

ダリアさんは声やアクション、オーラも大きく、華やかな印象で、グループで集まるときも、ダリアさんが仕切ってくれるとうまくいきます。チームワークや仲間意識があり、「みんなで頑張ろう」と熱く励ましてくれます。そんなときは、一緒になって盛り上がると、喜ばれるでしょう。

「あなたを好意的に思っています。味方です」とわかりやすい表現で伝えると、コミュニケーションがスムーズです。ダリアさんに悪気はないのですが、押しが強く感じることがあるかもしれません。ペースに飲まれてしまいそうなときは、自分軸を意識し、自分のペースを心がけるとよいでしょう。

誕生花「8 ダリア」の有名人（敬称略）

大谷翔平　パブロ・ピカソ　本田宗一郎　浜田雅功　梅沢富美男　加山雄三　星野仙一

グレース・ケリー　浅田真央　安室奈美恵　叶恭子　神田うの　滝川クリステル

9 椿

花と数字の特徴

椿はツバキ科の常緑高木で、原産地は日本（中国、東南アジア説もあり）です。椿の名前の由来は、古語「ツバ（光沢のあるさま）」からきているといわれます。

和名は「椿」で、別名は「ヤブツバキ（薮椿）」、「タイトウカ（耐冬花）」、「ツバキ（海石榴）」、「タマツバキ（玉椿）」などといわれています。学名は「*Camelia iaponicaa* L.」英語で椿は「Camelia」、フランス語では「Camélia」などといわれます。

日本では天武天皇に椿を献上したという記録が残っているほど、古来より愛されてきました。また万葉集には、椿を詠んだ歌が、「9首」あるといわれています。椿油は、戦前まで日本の女性に欠かせない化粧品として使用されていました。黒髪の手入れにも使われ、現在でも椿油は髪によいといわれます。ヨーロッパには18世紀に椿が渡り、ヨーロッパ社交会で大ブームとなりました。そして小説『椿姫』が誕生したのです。

数秘術の「9」は、完全性、包容力、博愛主義、博識、哲学者、賢者、真理、複雑性、リセット、調和といった意味があります。一桁の数字の中で「9」は一番大きな数字です。これは1~8までのすべての数字を内包しているともいえます。そのため、シンプルな性質というよりは、さまざまな数字の要素が混ざり合い、複雑化されています。

「9」は一桁の最後の数字です。一番大人な数字で、全体像を見渡す頼れる影のリーダー的存在でもあります。数秘術の「9」にはリセット、手放すなどの意味があります。物事の真理を、いったんリセットし、新たな視点から考える哲学者という意味もあります。「9」の形は丸が上にあります。丸の部分は、賢者が頭でよく考えている様子で、頭がカクンと垂れているさまともいわれます。

基本的な性質・魅力（誕生花、発芽、根共通）

知的で平和主義、誠実で落ち着いた魅力

日本でもなじみのある椿の花。神社の厳粛な雰囲気の中で咲く椿のように、**奥ゆかしく清らかなところが魅力**です。感受性が鋭く、繊細で芸術センスがありますが、感情を大きく表に出すことは少なく、穏やかで平和主義の方が多いでしょう。人の役に立つことが喜びと感じ、周囲への細やかな気遣いができるタイプの方も少なくありません。どんな人へ

も誠実に対応できます。あなたの落ち着いた包容力は、多くの人に安心を与え、支えとなっていることでしょう。

博識で知的好奇心旺盛

椿さんは、あらゆる物事への知的好奇心が旺盛で、博識です。哲学者のようにあらゆることを深く、頭の中で考え続けることができます。素晴らしい才能ですが、考えすぎて疲れてしまうこともあるでしょう。考えて答えが出るならよいのですが、考えても答えが出ないことを考え続けてしまうことも少なくありません。

物事の全体像や将来を見通す、優れた見識を持っている方も多いです。そのため、物事を正しくとらえたり、考えたり、判断したりすることができる能力が備わっています。

賢く要領がいい

椿さんの素晴らしい才能の一つに、「何でもそつなくこなせる」ということがあります。仕事でも、勉強でも、一度聞いたことは飲み込みが早く、すぐに理解できます。頭の回転が早く、機転も利くので、冷静で賢明な対応ができます。

その一方、人々に対する深い愛と平和主義で、おおらかな気質も持ち合わせています。ですから、周囲からは、「賢く落ち着いた優しい人」と思われることも多いでしょう。情緒的な豊かさもありながら、実は、物事を理論的に判断する理知的な面も持っています。

✿完璧主義で苦しくなることも

椿の花は、花びらが一枚一枚散るのではなく、花ごと全部、ポトリと落ちます。ある意味潔く、言い換えると完璧主義ともいえます。それが普段は長所として活かされます。しかし、完璧主義は、生きづらさの原因にもなりかねません。長男長女的な役割が強くなると甘えるのが苦手になるように、椿さんも甘えるのが苦手な方も多いでしょう。

認定講師のYさんは、誕生花「9椿」さん。学生時代から優等生で、社会人になってからも塾の講師をするなど、仕事も家事も賢くそつなくこなす女性でした。これまで無意識に、「～しなければならない」と自分に厳しくしてきたそうです。「しっかりした人、とまわりに評価されなければ、自分には価値がない」と、息がつまるような生活をしてきました。

しかし、そんな生活を何年も続け、ある日、身体と心がいうことをきかなくなってしまったのです。その後、心理学やセラピーなど、心のことを学ばれたそうです。誕生花セラピーを受講した際、ご自分の誕生花、椿の性質を知ってから、「自分が完璧主義で苦しい」ことに気がつきました。「自分がこれまで我慢ばかりして、頑張りすぎていたことに気づけました」と言い、自分をゆるめていくことができていきました。

これまでは講座に来る前に、家事や洗い物、夕飯の準備を完全にしてからでないと出かけられなかったそうです。けれど、ご主人に家事をお願いするなど、すべてを背負って1人で頑張るという生き方を変えてみたところ、家族も快く引き受けてくれて、これまでのYさんとは別人のように、内側から女性らしいかわいらしさが輝いていました。

✤頭で考えすぎて動けなくなってしまうことも

実は、Yさんのように完璧主義に苦しんでいる椿さんは本当に多いのです。特に、人の役に立ちたいという慈悲心を持ち合わせる一方で、「人に頼れない……」「人に迷惑をかけたくない……」と思っています。忍耐強く、「苦しい」という感情も表に出さないようにしている椿さんが多いのは事実です。

Yさんは、自宅サロンで講師もされていました。そこで、これまで「完璧な先生像」の自分の殻を破るべく、生徒さんに「自分のこれまでの人生でつらかったこと、できなかったこと、弱い自分」をどんどん話してさらけ出していきました。とても勇気がいることですよね。そこには計り知れない葛藤があったでしょう。

まるで椿の花のかたい蕾《つぼみ》が少しずつ開こうとするかのように、変わっていったYさんを見て、人間にはさらに自分らしく咲くことができる力が備わっているのだと思いました。

✤完璧主義で苦しいときはまず、我慢を一つやめてみる

いきなり完璧主義のすべてを手放すことは難しいことです。実は、完璧主義な方ほど「自分の中にあるすべての完璧主義を手放そう」としてしまいます。完璧主義を手放すことにも一生懸命になるという、とても健気な面もありますが、まずは、「すべて」ではなく、部分的に、手放してもいいと思うことから始めると楽になれます。

なにか、「やりたくないのにしている」ことはありませんか？　椿さんは「やりたくないのにしている」ということにも気づけないことがあります。親や友だち、パートナー、子ども、近所の人など、無意識に自分を犠牲にして他者を優先する癖がついている方もいます。そのため、「自分がしたい」のか「やりたくないのにしている」のかの、区別ができなくなっています。

あなたは誰かの役に立っても、立たなくても、価値があります。あなたは存在しているだけで尊いのです。あなたが幸せで、ご機嫌でいることが、まわりの幸せにもつながります。「やりたくないのにしている」ことの中から、まずは一つだけ、我慢をやめてみませんか？　そのとき、「案外それをしなくても大丈夫だった」と感じるでしょう。

雪の降る寒い日も耐え抜いてきたかたい蕾を、柔らかく開かせていきませんか？　あなたが他者のために優しい心配りをしてくれていること、周囲はわかっています。自然体の、そのままのあなたのあふれる愛は届いています。椿さん、ありがとうございます。もう十

分頑張ってきましたね。あなたのつらさ、苦しみ、我慢し続けていること、あなたの大切な人は、少し分けてほしいなと思っているでしょう。あなたの柔らかな笑顔を待っている人はたくさんいますよ。

わざと面白く子どものようにふるまうことも

認定講師のKさんは、初めてお会いしたとき、黒髪で知的、眼鏡をかけてとてもきちんとした、先生のような雰囲気でした。講座がきっかけで、Kさんは椿の「きちんとしなくては」「優等生でいなくては」という想いで苦しかったことに気づき、発芽「11蓮」の直感を活かしていこうと決めました。それからは見る見るうちに外見や雰囲気も軽やかに変わり、キラキラと軽やかに輝いていきました。もちろん、椿さんの上品さ、知的さはそのまま魅力として残っています。今では、本当に自分らしく人生を謳歌され、直感を活かして無理なく幸せな生き方をしています。

椿さんは他の人よりもそつなくこなせてしまうので、できない人々の気持ちがわからなくなってしまうことがあります。しかし、やはり全体のバランスを考えられ、包容力があるので、「自分が上から目線にならないように」と気を遣うことができます。椿さんはアニメの「名探偵コナン」のようなキャラクターが顔を出すことがあります。本当は賢くすべてを理解しているのだけれど、わざと子どものように無邪気に、面白おかしく話してくれます。とてもかわいらしい姿です。それが椿さんならではの、ユーモアと優しさなのです。

✤聖人、神職のような癒やしの人

日本では椿の花は神社によく咲いていますね。神社ではよく赤色の椿が見られますが、誕生花セラピーでは基本的に白色の椿を扱っています。理由は、「清らかさ、清廉潔白」といった意味があるからです。まるで真っ白な椿のように、人々の心を清らかに癒やしてくれます。ボランティア精神にあふれ、他者を包み込むような慈悲深さがあります。

特に、自然由来のものが好きな方も多いでしょう。人工的な香水よりも精油を、西洋医学の薬よりも自然療法などを好む方も。賢さを活かし、医師、弁護士、薬剤師など、人の役に立つお仕事を選ぶ方も多いでしょう。聖人、神職のような精神性を持ち合わせている方もいます。ヒーラーやカウンセラーなどをしている方も多いでしょう。

✤日本の伝統文化が好きな方も

先ほどもお話ししましたが、椿は日本の神社でよく目にします。日本の伝統文化に興味がある方も少なくありません。

神社や、着物、茶道、書道などを好む方も多いでしょう。どちらかというと、髪も自然な黒髪を好みます。椿油が髪によいように、日本人の美しさを引き出す力が椿の花には秘められているように感じられます。

✠葛藤を抱えやすい

コラム（45ページ）でもお伝えしましたが、「9」は、何を足してもその数字にリセットされるという不思議な数字です。たとえば、「9＋3＝12　1＋2＝3」というように、最終的に足した数字に戻るのです。数秘術の「9」にも、「9」という自分自身の数字に他者の数字をいつも内包しているような感覚があります。自分自身を感じながらも同時に他者とのバランスも考えられる、そんな魅力があります。そのため、自分の想いと、他者の想いを両方考え続ける傾向があるため、葛藤を抱えやすいタイプの椿さんもいます。

✠繊細で照れ屋さん

繊細なところのある椿さんは、とても照れ屋さんです。感情が繊細に揺れ動くことがあっても、素直に表に出すことは少ないでしょう。

他者から自分がどう見られているのかが気になり、「スマートで完璧な人と見られたい」という想いがあるため、子どものようにはしゃいだり、羽目を外したりすることも少ないでしょう。ポーカーフェイスと受け取られることもあるかもしれません。しかし椿さんは繊細な心の網で、さまざまなことをキャッチして考えているのです。他者への感情移入をしやすいので、あえて冷静にふるまっているようなこともあるでしょう。

✻バランスを崩すと

バランスを崩し、エネルギーが過剰になると、中途半端なことが許せなくなるでしょう。ルールやマナー、規則を守らない人に対して、必要以上に厳しくしてしまうことも。社会のルールにのっとって行動できることは素晴らしい長所です。しかし度がすぎると、他者のささいな失敗や我関せずな人を見て許せなくなり、寛容で包容力のある椿さんの魅力が隠れてしまいます。また感情面よりも理論や正論で相手を正そうするでしょう。本当に許されたいのは相手ではなく、自分自身であることもあります。自分自身が苦しくなる前に、深呼吸してリラックスしてみるとよいでしょう。

エネルギーが不足すると、「自分には価値がない」と感じてしまうことがあるでしょう。周囲からの評価が気になり、自分軸を見失うこともあります。傷つきやすく、自分の枠の中に閉じこもることもあるでしょう。さらに、あらゆる「欲」を持つことさえ、不謹慎と考えてしまうこともあるかもしれません。そんなときは、重く深く考えてしまう前に、何か楽しいことを思い出してください。気持ちにゆとりが生まれたら、自分がしたいことを素直に実行してみるのもよいでしょう。自分自身に優しく、楽しませてあげると、能動的に生きられるようになり、無価値観が和らいできます。

発芽と根が「椿」の場合

＊発芽、根が「椿」の方も、基本的な性質、魅力はメインの誕生花「椿」の解説と同じです。

「発芽」が、椿さんの場合、子どもの頃から大人っぽく、いわゆる優等生タイプの方が多いでしょう。本や図鑑が好きで、学校の勉強も自然とできるタイプの方も。親からも、手のかからない子どもと思われる方も少なくありません。目立つことが人一倍恥ずかしいと感じがちです。表立ってガツガツ頑張るよりも、影で努力しているタイプの方も多いでしょう。人の気持ちに敏感で、どちらかというと遠慮深く、慎ましいタイプの方もいます。どんな人にも親切に振る舞うことができる魅力もあります。

「根」が椿さんの場合、もう一人のあなたは、いざというとき、落ち着いた対応で周囲から頼りにされることがあるでしょう。普段は冗談を言ったり、明るく楽しい雰囲気の方も、何か困ったことがあると、水面下で動いて全員が安心できるようにしてくれます。まさに大人の包容力です。頭で考える面が強く出ると、軽やかに行動したいのに考えすぎて、動けなくなってしまうこともあるかもしれません。しかしそれは、あなたの無茶な行動をしないという、地に足がついた考え方に対する信頼感につながっています。

✻椿さんとのコミュニケーション方法

椿さんは常識やルールを気にするタイプなので、椿さんの前で、あからさまにルールを守らないふるまいは避けたほうがよいでしょう。また、初対面なら、丁寧で誠実な対応が好まれるでしょう。知的で博識なので、わからないことは素直に教えてもらいましょう。頑張りすぎてしまっていることもあるので、ときどき「あなたのおかげで」と、役に立っていることを素直に伝えると安心してくれるでしょう。

初対面では清潔感のある方に好印象を抱きます。頭で考えすぎて葛藤を抱え、行動ができなくなってしまうこともあるので、気持ちが軽くなるような言葉をかけてあげるとよいでしょう。

誕生花「9 椿」の有名人（敬称略）

五木寛之　藤井フミヤ　本木雅弘　村上春樹　中居正広　藤木直人
カール・グスタフ・ユング　オノ・ヨーコ　中谷美紀　菅野美穂　富田靖子　平原綾香
北川景子　マザー・テレサ

11 蓮

花と数字の特徴

蓮はハス科及びスイレン科の多年生水草で、原産地は中国、インドと、その周辺といわれていますが、正確には不明です。蓮の名前の由来は、古代ハチス（蜂巣）の中略であることや、実が入っている花托《かたく》がハチの巣に似ているためなどといわれています。和名は「蓮」で、別名は、ハチス（古名）、スイフヨウ（水芙蓉）、フゴセン（不語仙）、イケミグサ（池見草）、ツマナシグサ、レンゲなどと呼ばれています。学名は「*Nelumbo nucifera* Gaertn.」英語で蓮は「Lotus」、フランス語では「Lotus sacré」などと呼ばれます。

日本の文献で最初にハスが現れるのは『古事記』で、『万葉集』にはハスを詠み込んだ歌が4首見られます。中国では、泥水の中から汚れのない美しい花を開くことから、蓮は純粋性の象徴とされ、思想や絵画に取り入れられています。仏教では、蓮はブッダの誕生を告げて花を開いたとされています。神秘的なイメージがしますね。

数秘術の「11」は、直感、神秘的、理想主義、精神世界、個性的、感性、卓越した才能などといった意味があります。「11」はゾロ目で、数秘術ではマスターナンバーと呼ばれています。「1＋1＝2」で「2」の意味もありますが、マスターナンバーはさらにオクターブ波動が高いといえます。

また、「11」という数字は2本のアンテナが立っているようにも見えます。数秘術の「11」は直感力に優れ、目に見えない物事もキャッチするアンテナが立っているともいえます。現代で生年月日の合計数が「11」になるのは、「11、29、38、47」とパターンが複数あります（56以降は現代では計算上出現しない）。そのため、マスターナンバー「11、22、33」の中でも一番出現率が高くなります。また、「1」の能動的な面と「2」の受動的な面の両方を持ち合わせているため、個性豊かで、つかみどころのない不思議な魅力があるともいえます。

基本的な性質・魅力（誕生花、発芽、根共通）

直感力で感性豊かな優しい魅力

泥の中から美しく花開く蓮の花。その姿は神秘的で不思議な美しさを感じます。蓮さんは、そんな**不思議な直感力にあふれ、感性豊かな個性が魅力**です。目に見えることだけでなく、何となくの感覚で、目に見えないことも感じ取ることができるでしょう。どこかふわっと優しい雰囲気の方も多いです。

独自性があり、芸術やビジネスにおいても独創性や天才性が発揮されることもあります。あなたの繊細な美しい感性はどれだけ多くの方に感動を与えてくれているでしょう。

まわりの影響を受けやすい

しかし、蓮さんの素晴らしい感性と独創性が、宝の持ち腐れになってしまうことがあります。数秘術の「11」という数字はアンテナが2本あるとお話ししました。まさに、この2本のアンテナの感度がよすぎて、まわりの影響を受けてしまいやすいのです。

さらに、「1＋1＝2」で数秘術の誕生花「2かすみ草」の他人を思いやる優しい面も持ち合わせています。そのため、意図せず感じ取ってしまう周囲の想いと、他人を優先する優しい面とで、「自分らしさ」を発揮することに苦手意識や怖さが出てしまうことがあります。ピンとひらめいたことや自分の中から湧いてきたことを、まずは行動、表現してみることから始めてみませんか？

繊細な内面が体調にも影響が出やすい

感受性がとても豊かなので、うれしいこと、幸せなことも人一倍強く感じられます。その反面、悲しいこと、つらいことも人一倍強く感じてしまいます。まわりの空気感や人々の波動、音や光まで、敏感に受け取ってしまうのです。

自分自身の感情もささいなことで揺れ動きやすく、感じすぎて疲れてしまうことも。周囲の影響を受けやすく、負のエネルギーも自分の内側に入り込んでしまうことがあります。気づけば、「なんだか理由もなく、体調が悪い……」ということを、子どもの頃から何度となく経験されている方もいるでしょう。そのため、「もっと強くならなくちゃ」と、自分を必死に変えようと頑張ってしまうこともあったかもしれません。

でも、安心してください。蓮さんの感受性豊かな面は長所として活かしてくことができます。「強くなる」必要はありません。あなたのその繊細で感受性豊かなところを、まず「受け入れて」あげましょう。そして、周囲の影響を受けやすい自分を逆手に取り、「自分にはよいものしか入らない」と決めてしまいましょう。

「人は人、自分は自分」と切り離すイメージを持ちましょう。そして、都合よく、「自分はよいものしか入らない体質」と思い込むことで、負のエネルギーは入りにくくなり、体調も自分でコントロールできるようになっていきますよ。

なんとなくの勘で答えがわかる

たとえば、ＡＢＣの三択の数学の問題があったとします。蓮さんは何となく「答えはこれの気がする」と勘でわかってしまうことがあります。でも、「なぜその答えになるのか、途中の数式はよくわからない」そんなことが多々あるでしょう。理論を超えて第六感のような感覚で、「何となく」でわかってしまうのです。もちろん、「なんとなくの勘」が、いつでも、すべて正解することはないのですが、このような不思議な感覚を持ち合わせている方も少なくありません。

✤相手の喜びが自分の喜び

蓮さんは感性豊かで、独自のピンと来る感性や、こだわりを大切にされている方も多いでしょう。自分がピンとこない物事は興味が持てず、無理に続けると苦しくなってしまいます。現実的な結果重視や無機質な物事よりも、夢や理想、心が通った物事のほうが、興味を持ってうまくいくことが多い傾向があります。それほど蓮さんは、物質的なことよりも精神性を大切にされているともいえます。

このことからも、大切な誰かと一緒のときは「あなたの心地よい、幸せなことが自分の幸せ」と、心の底から思う深い愛を持った方も多いです。一人のときは、自分のこだわりを持っていますが、大切な誰かといるときは、自分の意思よりも相手の意思に合わせたい気持ちが強くなることがあります。自分の中に相手が存在しているような一体感、同調を敏感に察知しているのです。

自分自身は空洞のようにスッと抜けて、相手に寄り添うことができます。蓮さん同士が

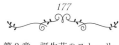

このモードになっているとき、「お店、どこにする？」「どこでもいいよ」「私もあなたの行きたいところに合わせるよ」「私も合わせるよ」と、愛のリレーでなかなか決まらないことがあります（笑）。そんなときは、蓮さんの持ち前の直感力で、どちらかが最初にパッと浮かんだところにするとよいでしょう。

✿直感がわからないという蓮さんも

実は、蓮さんの中には「直感がわからない」とおっしゃる方も少なくありません。講演会に参加してくださった誕生花「11蓮」のAさんもその一人です。講演会の質疑応答で、「直感ってどういうことですか？」と真面目な顔で質問をされました。理由は二つあります。

一つは、あまりに自然に直感を使っているから、それが直感だと気づいていない。もう一つは、本来、直感力を持っていても、頭で考えすぎてわからなくなってしまった。

まず一つ目の、あまりに自然に直感を使っているパターンから説明します。「普段、何となくこっちだと思って選ぶことはありませんか？」とAさんに質問しました。「何となく選んでいること、普通にあります」とAさんは答えられました。「それが直感なのです」とお伝えすると、「直感って、そんな簡単なことなんですか？」とAさんは驚かれました。

そう、直感って最初にピンときた、何となく感じた理由のない、目に見えないものです。だからこそ、それが「直感」という言葉で合っているのかわからないのですよね。蓮さんにとっては無意識にしていることだから余計にわからなくなってしまうのかもしれません。

二つ目の、本来、直感力を持っているのに、頭で考えすぎてわからなくなってしまったパターン。これは、「まわりの影響を受けやすい」ことが原因だと考えられます。メニューを選ぶ際も、パッと見て「これがいい！」と思っても、すぐに頭のおしゃべりが始まってしまいます。「みんな、違うメニューにするかな、一人だけこれを頼んでいいかな。みんなの注文を聞いてから決めよう」この習慣が、日々続いていくと、直感より頭の思考が優先されてしまうようになります。

まずは、誰かと一緒のときではなく、一人で何かを決めるときなど、パッと「これ！」と第一印象、インスピレーションで決断することを実行してみてはいかがでしょうか？

✤誰にも真似できない芸術的感性

私の友人にお寺の副住職をしながら、趣味でピアノ、写真、デザインなど多才な誕生花「11 蓮」さんがいます。とても柔和な雰囲気ですが、芸術的センスにあふれています。ピアノは個性的な作品を好んで演奏し、独自の美しい世界観を表現されています。写真やデザインも繊細さと斬新さに魅了される作品をつくります。字もアートのように達筆です。こだわりの万年筆で、美しい青や紺のインクが生み出す優美な世界観は圧巻です。

蓮さんには誰にも真似できない素晴らしい独自の感性があります。その類いまれな才能は私たちに感動を与えてくれます。周囲の目を気にして遠慮することなく、思う存分、自分の感性を信じて表現してほしいと願っています。

✠天然、不思議ちゃん、かわいい魅力

どこかふわっと不思議な雰囲気が漂う方が多いのも蓮さんの特徴です。どちらかというと、現実的なことよりも夢や理想、精神世界を好む方も。マスターナンバーなので、自然と宇宙や大いなる存在といった、「上」とつながりやすい方も多いでしょう。

蓮さんのかわいらしいところは、その天然な言動です。蓮さんご本人は、一生懸命に真面目にしているのですが、ぽろっと口にしたことがまわりを和ませてくれます。きっと、蓮さんは理論や理屈でなく、感覚的なので、自分に正直になるほど個性的な魅力が発揮されるのですね。

✠突然話が始まり、話が途中で突然飛んでしまう

実は私の母が誕生花「11 蓮」です。蓮さんは感受性豊かなので、見たり感じたりした光景で自分の感情や感覚がいっぱいになることが多く、客観的な状況や前置きなく、突然、話が突拍子もないところから始まることがあります。

たとえば私の母はこんな感じです。「もうね、すごくかわいい3歳くらいの女の子がね

……」と突然話が始まります。「へぇ、そうなんだ。そんなことあるんだね」と最後まで話を聞いていると、最後に一言こう言います。「すごくいいドラマだったわ……」。最近では、突然話が始まったときは、先に「それは、ドラマの話？　本当にあった話？夢の中の話？」とあらかじめ確認してから聞くようにしています。

また別の蓮さんの友人Tさんも、会話中に話が飛んで、まわりが一瞬「えっ？」という空気になります。蓮さんは豊かな想像力で、自分の中で先の先まで話がどんどん進み、一周回ってその先をぽろっと口に出します。それだけ自分に正直でまっすぐなのですね。と言いつつも私自身、「根」が蓮なので同じことをしてしまっています（笑）。

✿直感で悪気なく発言がストレートに。そして悩みやすい

蓮さんはまわりの影響で、感情も繊細に揺れ動きやすいとお話ししました。その反面、直感でパッと思ったことが口から出てしまうこともあります。受講生のMさんは、おっとりとした女性らしい誕生花「蓮」さん。蓮さんらしいこんな悩みを打ち明けてくれました。

「ついパッと言ってしまったことで、その人の表情や顔色が悪くなるのを感じてしまって。そのたびに、お風呂の中で一人反省しているんです。次は、言わないように気をつけようと思うのですが、気づくとまたパッと口から出てしまって。またお風呂で反省です」。蓮さんは、悪気なくストレートに発言してしまいますが、その後、相手の顔色も気にしてし

まう人もいます。

意外と直感でパッと口から出ていることが、蓮さんの本質を見抜く才能であることもあります。しかし、基本的に愛情深く相手を思いやれる優しい蓮さんなので、日頃からあなたのお人柄は伝わっていると思います。「しまった」と思ったときは、悩む前に、フォローする言葉を口にすると、必要以上に気に病むことも減っていくでしょう。伸び伸び蓮さんらしく直感力を大切にされてくださいね。

✿バランスを崩すと

バランスを崩し、エネルギーが過剰になると、気分や直感のまま無計画、行き当たりばったりになりがちです。蓮さんの直感で行動できる軽やかさは素晴らしい才能です。しかし過剰になると、現実社会でうまくいくこともうまくいかない、もったいない状況になってしまいます。アドバイスやサポートをしてくれる人がいると、その才能はよい方向に活かされます。「行き当たりばったり」は「行き当たりバッチリ！」になるでしょう。

目に見えない世界に没頭しすぎると、地に足がつかない状態になってしまいます。自分の肉体の感覚に意識を向けることや、深呼吸や瞑想などで「今ここ」を大切にしましょう。

エネルギーが不足するとナーバスになり、気苦労が絶えなくなることもあるでしょう。

気持ちが不安定になり、ささいなことも気になり、心配性に。直感がわからなくなり、頭でぐるぐる考え続けてしまうことにもなりかねません。ひどくなると次第に体調まで悪くなってしまいます。人のささいな表情にも、「自分が何かいやなことをしたからかな」と自分を責めてしまうこともあるかもしれません。たまたまその人は、お腹が空いて不機嫌な表情になっていただけのこともあります。

まわりの影響を受けにくい環境で、自分が心からリラックスできる時間を持つとバランスがとれるでしょう。もしくはとことん自分が好きなことに集中すると、思考のグルグルは追い出されていくでしょう。

✻発芽と根が「蓮」の場合

＊発芽、根が「蓮」の方も、基本的な性質、魅力はメインの誕生花「蓮」の解説と同じです。

「発芽」が、蓮さんの場合、子どもの頃から不思議と相手の気持ちがわかる繊細なところがあるでしょう。子どもながらに物事の本質を見抜く力を持ち合わせていることも。大人になると、その能力で周囲から尊敬されることもあるでしょう。

また美的感性や芸術的感性、スポーツ万能など、ある感覚が人よりずば抜けた天才性を持ち合わせている方もいます。理論より感覚でコミュニケーションができるため、言語がわずらわしく感じ、擬態語が多くなることもあります。

「根」が蓮さんの場合、もう一人のあなたは、いざというとき、何となくの勘でよい方向に進んでいくことができるでしょう。普段はわりと現実的な言動をとっても、フィーリング重視のコミュニケーションをとることもあるでしょう。

また、夢や理想を熱く語り出すこともあるかもしれません。現実社会で成功するために、夢や理想が不可欠なこともあるでしょう。自分軸をしっかり持っていても、周囲の環境や人々の言動に影響を受けやすい繊細な面が垣間見えることもあります。

❋蓮さんとのコミュニケーション方法

蓮さんはフィーリングや感覚が優位なので、いきなり理屈や理論で話すと、心を閉ざすことがあるかもしれません。雰囲気やオーラ、世界観が大切です。言葉はなくても感じて伝わるタイプともいえます。何か伝えたいことは理詰めで話すよりも、実際の雰囲気や世界観、イメージを五感で感じてもらえる伝え方がよいでしょう。

また、感情が揺れ動きやすいことは、責めずに理解することが大切でしょう。音や匂いなども敏感に感じて気分を害する方もいます。言いたいことをギリギリまで我慢してしまうタイプの方もいます。リラックスして本音で話し合える時間を持つとよいでしょう。また、個性的で天然なところもかわいいと認めてあげると、より伸び伸びと才能を発揮してくれるでしょう。枠に押し込めようとするより、独自の感性や個性を褒めて伸ばしましょう。

誕生花「11 蓮」の有名人（敬称略）

中田英寿　美輪明宏　大沢たかお　窪塚洋介　丹波哲郎　辻仁成　モーツァルト　福原愛
杏里　細木数子　浅田美代子　木村カエラ　マライア・キャリー

22 胡蝶蘭

✽花と数字の特徴

胡蝶蘭はラン科の多年草で、原産地は東南アジアといわれています。胡蝶蘭の名前の由来は、羽を広げた蝶のような花の形から来ているという説があります。和名は「胡蝶蘭」で、別名は「ウチョウラン（羽蝶蘭）」「ファレノプシス」です。学名は「*Phalaenopsis aphrodite* Reichb. f.」。英語で胡蝶蘭は「Moth-orchid」、フランス語では「Orchidée Phalaenopsis」と呼ばれます。

ラン類の花は長命で、4か月以上も開花し続けます。最長命の花の一つといえるでしょう。長く咲き、楽しめることから、お祝いで贈られることが多い胡蝶蘭。お祝いごとが縁起よく長く続くイメージがします。学名の「aphrodite《アフロディーテ》」はギリシャ神話に登場する女神の名前です。「アフロディーテ」は「愛と美の象徴」といわれています。優雅で上品な胡蝶蘭の姿はまさに美しい女神のようですね。

数秘術の「22」は、カリスマ性、卓越した才能、強靭さと繊細さ、継続、物質・現実的、スケールの大きさ、海外、世界規模などといった意味があります。生年月日の合計数が「22」になるのは、合計数が「22」の場合のみです。ですから計算上、出現率は他の数字より少なくなります。貴重な珍しい数字でもあるため、カリスマ性、天才性がより強調されるでしょう。「22」はゾロ目で、数秘術ではマスターナンバーと呼ばれます。「2＋2＝4」で「4」の意味もありますが、マスターナンバーはさらにオクターブ波動が高いといえます。また、「11」のマスターナンバーよりも数字が上がるほど波動は高くなるといわれています。しかしどの数字にもよい悪いはなく、波動が高いマスターナンバーだから偉いということもありません。「2」の繊細で細やかな優しさと、「4」の現実的な面の両方のエネルギーが混在しているといえるでしょう。

基本的な性質・魅力（誕生花、発芽、根共通）

存在感とスケールの大きい実行力が魅力

お祝いの花としても贈られることが多い、豪華絢爛《ごうかけんらん》な胡蝶蘭の花。ランは「花の王様」といわれるほど、存在感にカリスマ性があります。

誕生花「22 胡蝶蘭」の方は、長命な花のように体力にたいへん恵まれ、パワフルで生命力にあふれています。**卓越した力が秘められ、強靭さと繊細さ、愛情深さが同居する、魅力あふれる人**です。また、英雄のように高い理想に向けて大きく実行していける才能があります。あなたの高い理想とスケールの大きさは、世界を変えるほどのパワーがあり、多くの方を現実的な幸せに導いてくれるでしょう。

✤隠しきれないほどオーラが大きい

たとえば、薄暗闇の中、胡蝶蘭さんが100メートル先にいても「胡蝶蘭さんが来た！」とわかるほどオーラが大きく、存在感があります。存在感に合わせて、華やかな色合いのファッションがとても似合います。

誕生花「22 胡蝶蘭」さんはキリッとした力強い目力の方も多いです。22日生まれの発芽「胡蝶蘭」さんの場合は、目力はあるものの目尻に優しい印象があります。内側からあふれるほどのスケールの大きさと、しっかりと地に足をつけ、堂々としたたたずまいがたいへん印象的です。胡蝶蘭さんが歩くだけで、まわりの空気も胡蝶蘭さん色に染まりそうなほどです。大物女優、大物俳優のようなオーラと雰囲気があり、まわりを圧倒させるほどの輝きを持っているでしょう。

✤想定外の理想を現実的に実現できる

胡蝶蘭さんは、名前の由来どおり、蝶のように優雅で、瞬時に俗世界から飛び出してスケール大きく羽ばたいていく、予測不能な魅力があります。他の人が考える範囲を超えたスケールの大きさで、理想を描くことができます。

かなり個性的で、天才タイプの方も多いでしょう。胡蝶蘭さんの中に「不可能」という文字はありません。「どうしたらできるか」を現実的に考え、徹底的に調査、研究し、実現できる最短ルートを見つけ出すことができるでしょう。

✖計画性に長け、自分との約束を守れる

高い理想に向けてすべきことがわかると、計画を立てる能力にも長けています。私の友人に、誕生花「22 胡蝶蘭」さんがいます。語学の勉強のため、テキストを借りたときのことでした。テキストの目次に手書きでページ数毎に「月、火、水、木、金、土、復習」と目次すべてに曜日と復習の学習計画が書き込まれていました。聞けば、1日も休むことなく、自分で決めた学習計画に添い、勉強をしたとのこと。どれだけ仕事が忙しくても時間をつくり、その努力の結果、今では3か国語の語学力を身につけ、海外で仕事をしています。

他の人が途中で投げ出し、あきらめてしまいそうなことも、一度決めたことはやり抜く素晴らしい意志の強さを持っています。天分に恵まれたタイプの方が多いのですが、その裏では想像を絶するほどの努力をされているのですね。胡蝶蘭さんにとっては、努力をあたりまえのことと思う方も多く、そこもまた胡蝶蘭さんの天才性を感じますね。

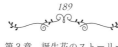

✿未来を予測する叡智《えいち》があり、海外と縁を持つ

たいへん現実的な面もありながら、優れた直感力と未来を予測する叡智が備わっています。まだ誰も成し遂げたことのない偉業を、成し遂げるポテンシャルのある方が多いでしょう。目先だけでなく、数年、何十年もの先を見据えて物事を考えられる広い視野を持っています。ですから、小さな事業よりもスケールの大きな事業のほうが、胡蝶蘭さんにとってやる気が湧くこともあるでしょう。

さらに超越した直感的な能力も備わっていて、一か八かの勝負師のようなところもあります。グローバルな視点も持ちやすく、ワールドワイドなビジネスを展開するということも可能です。未来を予測しながら、現実的な解決思考にも長けています。大きな視野で理想を描き、目の前の一つ一つのことを丁寧に確実に実行し、手腕を発揮するでしょう。

✿失敗のスケールも大きいが、必ず立ち直れる強靭なメンタル

胡蝶蘭さんは人生の振り幅が大きく、大成功する方が多い反面、大きな失敗をすることも少なくありません。成功と失敗の落差が大きいのです。しかし、たとえ失敗しても、並大抵のことではへこたれません。一時的にショックで落ち込むこともありますが、必ず自らの力で力強く復活します。普通の人なら、身体を壊すような出来事でも、持って生まれた体力、気力で苦しみを感じながらも、困難を飛び越えていくことができるでしょう。

負けず嫌いで自分自身に強い信念を持っている方も多く、あきらめずに成し遂げようと、努力を惜しまない素晴らしい面も持っています。問題についても、「悩んでいる時間がもったいない」と、どうしたら効率的に解決できるかを、論理的思考で解決していきます。

繊細だけど大胆

数秘術「22」は「2」が二つ並んでいます。数秘術「2」は誕生花「かすみ草」で、繊細、優しさ、芸術的感性、サポーターといった意味があります。ですから、強靭な強さの一方で、豊かな詩情と鋭く繊細な感性を持ち合わせています。何をしたら喜ぶかという相手の気持ちを瞬時に感じ取り、言葉や行動などで実行することができます。

一見、近寄りがたいほどの大物オーラがありますが、実はとても優しく、気遣い上手。このギャップに魅了される人も多いでしょう。スケール大きく理想を描く一方で、繊細な違いにこだわりを持つ方も。たとえば、日常で使う歯磨き粉は、海外のこのブランドで、コーヒーはこだわりの淹《い》れ方でないと飲まない、といった具合です。胡蝶蘭さんは、この繊細な感性を大切にします。

健康管理がうまく、自分をコントロール

胡蝶蘭さんは生まれつき体力に恵まれています。さらに、自分自身でも健康管理をしっ

かりしているという方が多くいます。たとえば、毎日このストレッチをする、毎日この食べ物を食べるなど、決めたことは1日も欠かさず実行します。自分自身で一度決めたことは継続してできる才能の持ち主です。

身体が丈夫なため、無理をして働きすぎ、遊びすぎ、頑張りすぎることもあります。それでもまた元に戻すよう、調整することにも長けています。ダイエットや筋トレ、健康習慣も着実に続けられるでしょう。

自分に厳しい分、他人にも厳しくなってしまうこともあるかもしれません。胡蝶蘭さんのあたりまえと他の人のあたりまえは、レベルが違うことがあります。誕生花「胡蝶蘭」の受講生Aさんが講座中こう話してくれました。「職場の部下の男の子が、すぐ風邪をひいたと言って仕事を休むんです。何でそんなに休むのか理解できなくて。私はこれまで一度も会社を休んだことがないのに」。胡蝶蘭さんの身体の丈夫さと、健康管理はすばらしいですね。

✤上から目線で言われるのがいや。その代わり尊敬する人には素直

嘘偽《うそいつわ》りなく、自分を貫きたい想いがあるのも胡蝶蘭さんの魅力です。たいていのことは「人から習わなくても自分でできる」という自信が備わっています。実際に持ち前のバイタリティと実行力で、あきらめずに一人で成し遂げることができるでしょう。胡蝶蘭さん

が実際に行動しているので、周囲の人もその姿にあと押しされることが多いでしょう。「できるよ！」と熱く語りながら、実現するまでに必要なアクションを一から順序立てることができます。実際、体系化したものを人に教える方も多くいます。それは、「2＋2＝4」で「クローバー」の「形にする」という才能も持ち合わせているからです。そのため、体系化すること、まとめることにも長けています。

普段は上から目線で言われることや、人から決めつけられることなどを特にいやがる傾向がある胡蝶蘭さん。「22」の「2」の「かすみ草」の、相手に合わせる性質が垣間見えることもあります。それは「この人には敵わない」「尊敬できるこの人の言うことなら何でも聞きます」といった具合に、自分が尊敬できる相手には、従順になる一面もあるでしょう。胡蝶蘭さんが尊敬するのは、世界的に活躍されている方や、超一流の方、もしくは身近な人でも「料理の分野ではこの人に敵わない」「この人の語学力には敵わない」と特定の分野に強い人を尊敬することもあるでしょう。

好き嫌いがはっきりしている

先ほどお話ししたように、自分が尊敬できる人にはかわいらしいほど従順になれるのは、見極める能力が高いからともいえるでしょう。そのため、物事のよい点、悪い点などをあれこれ評価してしまう批評家のようなところもあるでしょう。また、あらゆる物事を論理的、科学的に評価、証明されていることを信じます。学歴や肩書き、名声を重視する価値観の方も少なくないでしょう。

王様、女王様タイプの方も多く、物事のよい悪いを俯瞰《ふかん》して、高いレベルから判断できることもあるでしょう。好き嫌いがはっきりしているため、一度好きになると、とことん好きになる情熱的なところもあるでしょう。その反面、一度嫌いと思うと、心のシャッターが二度と開かない、がんこな一面のある方もいます。そのような偏愛傾向は、かえって胡蝶蘭さんのカリスマ性や、確立された自分として、魅力となりますね。

✿実直で好きな人へは愛情深く尽くせる

カリスマ性があり、力強い存在感と大きなオーラで、一見近寄りがたさもある胡蝶蘭さん。しかし、根はたいへん実直で、真面目すぎるほどの方が多いです。裏表がなく根が正直な面もあるため、思っていることをストレートに口にしてしまうこともあるでしょう。

尊敬する人や大切な人へは義理がたい面もあります。毎回お礼状を欠かさないなど、礼儀やマナーを大切にされている方も少なくありません。また、好意を抱いた人へはとことん尽くすでしょう。たいへんまめな面もあり、相手が喜ぶことや決めたルールは、毎日欠かさず誠実に守り、継続できることもあるでしょう。

バランスを崩すと

バランスを崩し、エネルギーが過剰になると、持ち前のパワフルさで身体と心が限界になるまで頑張りすぎてしまうかもしれません。そうなると、ある日突然倒れてしまうことにもなりかねません。もともとバランスを崩さなければ、日頃の体調管理も得意なタイプですから、自分の身体を大切にする意識を持つとよいでしょう。

また、王様、女王様気質が強くなり、自説を固持する傾向が出ます。人に頼ることが極端に苦手となり、自分一人で責任を背負いすぎてしまうこともあるでしょう。好き嫌いがより一層激しくなり、自分に少しでも否定的だとわかる相手には必要以上に敵対心、攻撃心が芽生えてしまうことも。あなたほどすごい人はいないのです。どっしり構えてスケール大きく、大らかな気持ちを大切にされるとよいでしょう。

エネルギーが不足すると、こだわりが強くなりすぎる傾向があるでしょう。そのため、「〜でなければならない」と自分で自分を厳しく制限しすぎてしまうことも。自分の価値観、世界観から少しでも外れる物事は疎外したくなってしまいます。そうなると、日常生活での人とコミュニケーションが苦痛になってしまうこともあるかもしれません。

一人でこだわりの好きな物事に囲まれて過ごし、自分の殻に閉じこもってしまいます。また繊細な面が強くなり、ちょっとしたことにナーバスになるでしょう。普段は強気ですが、驚くほど消極的な言動をすることもあります。

✻発芽が「胡蝶蘭」の場合

＊発芽が「胡蝶蘭」の方も、基本的な性質、魅力はメインの誕生花「胡蝶蘭」の解説と同じです。「胡蝶蘭」は計算上、「根」は存在しません。日にちが22日の発芽「胡蝶蘭」さんの有名人をご紹介します。

「発芽」が、胡蝶蘭さんの場合、子どもの頃から存在感のあるタイプの方が多いでしょう。自分のことは自分でしたい自立心あふれるところもあります。体力に恵まれ、子どもの頃から夜遅くまで起きていても平気だったり、運動や勉強など、人一倍パワフルに頑張れたりするタイプの方も少なくありません。周囲からすると、驚くほどの練習量や勉強量をこなす努力家です。しかし本人にとっては、当然のことだと感じています。その努力で、現実的に成功される方も多いです。自分の世界観を遠慮することなく世の中に表現することで、本来の天才性が発揮できるでしょう。

発芽「22 胡蝶蘭」の有名人（敬称略）

メンタリストDaiGo　タモリ　北島康介　中田英寿　イチロー　石橋貴明　石井竜也
長谷川京子　北川景子　草間彌生　aiko　遠野凪子　菅野美穂　森公美子

※「根」は計算上「22」にならないので、胡蝶蘭はなし。

❋胡蝶蘭さんとのコミュニケーション方法

胡蝶蘭さんはたいへん現実的な面を持ちながら、直感力や未来を可視化する不思議な能力にあふれた方です。基本的には「4クローバー」さんと同様に、誠実に接することが大切です。またスケール大きく夢や理想を持っている面は大いに賞賛し、実現を信じてあげるとよいでしょう。しかし、上から目線のアドバイスや評価されることをいやがる傾向があります。胡蝶蘭さんが決めた独自のこだわりやルールは尊重してあげましょう。胡蝶蘭さんは、好意を持つ相手には愛情深く、義理深く、とことん末長く大切にしてくれます。ささいなことで言い合いやけんかにならないよう、言葉に注意するとよいでしょう。

胡蝶蘭さんとは真正面からぶつからないのが得策です。また、優しい心遣いや、してくれたことに対して、きちんとお礼や敬う気持ちを伝えると喜ばれます。そうすることで、ますます優しく心を尽くしてくれるでしょう。

誕生花「22 胡蝶蘭」の有名人（敬称略）

坂本竜馬　石橋貴明　岡本太郎　デーモン小暮　伊藤博文　レオナルド・ダ・ヴィンチ
松田聖子　デヴィ・スカルノ　小池栄子　加賀まりこ　黒木瞳　マリー・アントワネット

33

虹の花

✼花と数字の特徴

虹の花は唯一、架空の花です。「虹の花」と聞いて、どのようにイメージしますか？　たとえば、花びらが虹色のように見える。虹の下に咲いている花。虹の中に咲いている花など……。枠にとらわれない、自由な発想も数秘33の特徴でもあります。虹は手を伸ばしたらつかめそうなのに、つかめませんね。

それこそが正に、つかめそうでつかめない数秘33の性質なのです。また虹は雨上がりに出ます。数秘33の波乱万丈の人生において、つらく苦しい経験も多々あります。雨が降ったような経験のあとには、必ず晴れて虹が出るというエールも込めて名づけました。虹はめったに見ることができません。虹を見つけると、多くの方々が笑顔になります。多くの人を笑顔にする愛の力が数秘33にはあります。虹の色の見え方は国によってさまざまです。世界の多様性を認め合い、尊重し合っていける時代のリーダーになりうるのも、数秘33の特徴です。

数秘術の「33」は、宇宙、愛のマスター、スピリチュアル、インスピレーション、深い愛、高次のエネルギー、飛び抜けた個性、などといった意味があります。

計算上、生年月日の合計数が「33」になるのは希少です。しかし1900年後半から1999年までは出現率が高くなります。1900年代最後の33は1999年12月20日、そこから2029年9月29日まで出現しません。

数秘33は、33とおりの顔があるともいわれています。日本では三十三間堂や、33の姿に変身し、世を救う観音菩薩にたとえられることがあります。欧米では、キリストなどにたとえられることがあります。スペインの教会、サグラダファミリアにはキリストが33歳でこの世を去ったことと関連し、縦横斜めを足しても33になる魔法陣が飾られています。また、「3＋3＝6」で「3」の喜びにあふれた創造性と「6」の調和、奉仕の両方のエネルギーが混在しているといえるでしょう。

基本的な性質・魅力（誕生花）

つかみどころのない宇宙規模の愛ある個性的な人

唯一架空の花である「虹の花」。空にかかる虹は突然現れ、驚きと感動を与えてくれます。数秘33「虹の花」も、自分では普通にしていても、人生が予想外の展開でアップダウンしやすい傾向があります。

基本的には優しく**深い愛の持ち主**です。大人になっても魂がピュアなところがあり、たまに周囲が驚くような面が顔を出すでしょう。ひらめきや第六感など目に見えない感覚は、生まれつきあたりまえのように持っています。独自の視点を持ち、あなたの深い愛は、宇宙とつながっているといえるでしょう。あなたの中に降りたひらめき、湧いてきたことは、大いなる宇宙からのメッセージ。自信を持って、数秘「33虹の花」ワールドを表現してください。あなたの勇気の一歩で救われる人がいるでしょう。

✤子どもと母親が同居、一人二役

33は「3」が二つ並んでいます。また「3＋3＝6」となり、「6」も意味しています。つまり、「3」の子どもと「6」の母親が共存している状態です。さらに、「3」が二つあることから、双子の子どもともいえます。母親は子どもを産み、子どもは母親から産まれます。まるで一人で二役している状態ともいえます。あるときは、子どものように無邪気に心から楽しみます。しかし同時に母親が「周囲との調和」を監視しています。「そんなにはしゃいで、まわりに迷惑をかけてない？」と、そっと問いかけます。すると子どもはハッと気づき、楽しむことさえも我慢してしまうこともあるでしょう。

✤普通になりたいと頑張り、自分がわからなくなってしまう

自分では普通にしていてもなぜかまわりから「変わっている」「ズレている」と言われてしまうことがあります。「変わっている」と言われて喜ぶタイプと、気にして悩む2タイプに分かれます。私が主宰する「33数秘クラブ」で、800名近い数秘33「虹の花」の方を見てきました。どちらかというと「変わっている」と言われて喜ぶ方は少ないようです。どこがどんなふうに変わっているのかと、真剣に悩む方もいるでしょう。とにかく周囲に合わせようと一生懸命頑張ったり、目立つのが怖くて、自分を消そうとしたりします。数秘「33虹の花」の特徴として直感的なところもあるため、思ったことや感じたことを発言して、周囲の空気が変わるのが怖い方もいるでしょう。

自己肯定感がまだ育っていない場合、一生懸命にまわりに合わせようとして頑張っているうち、次第に自分の中に自然と沸き上がる感情、言葉、欲求も抑えるようになってしまいます。

心身が限界を越えてしまい、ダウンしてしまうことがあるかもしれません。それは「本当の自分」からずれた生き方をしているというサインでもあります。そんなとき、自分なりに心と身体を整えること（セラピー、スピリチュアル、心理学など）と出会い、克服される方もいます。得た知識を生かし、ライフワークとしている方も多いでしょう。

✤とにかく自分が好きなことを追求して、自らの意志で地球を生きる

数秘「33 虹の花」の方が楽に生きていくには、「自分軸」が大切な要素となります。一番簡単な解決方法は、とにかく自分が好きなことを追求することです。そうすることで能動的に生きることにつながります。自分の意志で決めて歩んでいると、一本の軸ができるようになります。

私は社会不安症の一種である「会食恐怖症」を小学4年生の頃に発症し、25年間苦しみました。

「ご飯を残さず食べなくては」「食べないと変と思われる」「注文したのに食べないと、お店の人にも申し訳ない」など、どんどん外食や会食がプレッシャーになってしまいました。しかし、心理学やスピリチュアル、数秘術と出会い、このつらさは自分のせいではない、「無理をしてまわりに合わせなくてもいい」と思えるようになりました。

そして、誕生花セラピーを考案し、仕事にするようになって自分軸で生きられ、会食恐怖症を克服できました。2021年、風の時代に入り、自分らしく生きられる数秘「33 虹の花」の方が増え、今後ますます楽に生きていける時代になっていくでしょう。

✤共感力が驚くほど高い

人や動物、植物などあらゆる生き物のうれしい、悲しい、痛みなどを無意識に自分のこ

とのように感じてしまう共感力や、人によってはサイキックな能力があるのも、数秘「33虹の花」の方の特徴です。その能力がよい面で活かされることもありますが、あらゆる人や動植物の感情を感じ取りすぎて疲れてしまうこともあります。

ひどくなると、人混みが極度に苦手、電車にも乗れないなどということもあるかもしれません。対処法としては、先ほどの自分軸になることが一番のポイントです。まわりを感じ取っている状態は、自分軸が抜けている状態です。そんなときは、「自分が相手を見ている、観察している」という視点に切り替えましょう。また自分のオーラで、まわりのネガティブなエネルギーをプロテクトする様子をイメージします。力まず、ただただ「自分のオーラ」で包まれていると思うだけです。目的地に向かってまっすぐ前を見て歩き、自分が行きたい、したいことをしている能動的な状態を意識します。

✤自ら地球を選んで生まれたことを思い出す

少し話が大きくなりますが、先ほどの自分軸で生きるということは、自分の魂が自ら地球を選んで降り立ち、目的、使命を持って地球を生きている状態ともいえます。「生きづらい、苦しい」とばかり思っていると、能動的に自らの意志で生きることが難しくなります。

私たちは生まれる前に喜びにあふれ、楽しいアトラクションのような地球に来ることを自ら望んでやってきました。その願いが今叶っているのです。

数秘「33 虹の花」の方は、生まれつき高次のエネルギーを持ち、人生の好不調の振り幅も大きく、生きづらさを感じることも多いです。しかし地球人として、2本の足で大地を踏みしめ、人間として生きると決めたことを思い出すと、生きるのが楽になるでしょう。

✤幼少期にたいへんな経験をする方も

特に幼少期にたいへんな境遇や出来事を経験する方もいます。子どもの頃、親戚に預けられて育った、家庭崩壊の中で育った……など、子ども自身がコントロールできない環境で育った方もいることでしょう。そしてそれらを乗り越え、大人になってからは「そんなことがあったようには見えない」と思えるほど輝いて生きている方も多くいます。その生き様は多くの人の「希望の光」となります！

逆境があっても「誰かのために」と、宇宙規模のパワーを発揮できる方も多いです。多くの数秘「33 虹の花」の方のお話を聞いていると、数秘「33 虹の花」の方の魂は、親子が逆転していることも少なくありません。しかし、子どもらしくすることで調和を保とうと、自分をピエロのように演じる癖がついている方もいるでしょう。子どもなのに、大人の本質を感じ取り、それを口に出してはいけないと、言いたいことを言えずに育ってしまいます。幼少期にどんなことがあっても、今この瞬間、あなたは新しく生まれ変わることができます！　過去の自分を基準にするのではなく、心に描いている理想の未来を基準に生きてみませんか?

すごい才能と抜けているところのギャップが魅力

数秘「33 虹の花」の方は、感覚派で想いがあふれ、言語化が追いつかない方も多いです。また、時間感覚がほかの方とずれていることがあります。大事な仕事などの予定は遅れないけれど、その他のこととなるとなぜか時間に遅れてしまう。「出かける準備をしていると、あっという間に時間が過ぎている」と不思議そうにおっしゃる方が多くいます。悪気はないので、時間に間に合わないと申し訳なく思っている方が多いのです。また、人の名前を覚えるのが苦手な方が多いのも特徴です。仕事でお客様の名前などを覚えないといけないときは、イメージを使って覚えるという方もいます。仕事以外などでは、会った方の「雰囲気(オーラ)や着ていた服、声、発言、表情など」は感覚的に身体の中に残っているのですが、名前がそれらとつながっていないのです。大事な名前は忘れてしまうのに、周囲の人が覚えていないようなことを覚えていて驚かれることもあるでしょう。また、曜日や日にちなどが苦手な方も多いでしょう。

細かいことを気にしない脳天気かと思いきや、その反面、360度アンテナを張っていて、他人の表情や不快感を繊細に察知して心地よい状況になるよう気を遣い、和ませようとするところもあります。目の前のことを精一杯感じて生きているので、それに夢中になると、電車の切符や入場チケットなどをなくしてしまうこともあるでしょう。本人からすると「消えた」と不思議現象に思えるのですが、ただ不注意で紛失したというだけですね(笑)。

✤言葉にならない空虚感が存在している

講座やセミナーで「空虚感はありますか?」と質問することがあります。数秘「33虹の花」ではない方々は「空虚感?」と考え込み、不思議そうな顔をされます。しかし、数秘「33虹の花」の方に聞くと「空虚感、はい、あります」と多くの方が答えます。

実は生まれたときから、身体の中心あたりに何か空洞がある感じがする方が多いのです。その空洞を一生懸命に埋めようと恋愛依存、買い物依存など、外側で埋めようとしてしまうこともあります。

空虚感を感じているその空洞には、愛の泉が湧き出ています。どれだけ苦しく、つらいいやなことがあっても、生まれつき、愛の泉は枯れることなく湧き出ているのです。そこには、宇宙で理想の世界(人によっては世界平和)を子どもの頃から無意識に思い描いています。

大切なことは、自らを知り、愛することです。空虚感も大切な自分の一部。しかし、あなたの愛は枯れることはありません。あふれる愛で自分自身にも愛を注いでください。つい、人のためにと無意識に自分より人に愛を与えてしまいます。私自身も「自分に愛を」と思ったとき、ふと「それだけでは、つまらない」と言葉が降りてきたことがあります。自分自身も小宇宙。自分自身を大切にし、愛した結果、それでもあふれてしまった愛で自分以外に注いでいけばいいのです。自分自身も愛する対象にすることを忘れないであげてくださいね。

✤「本当の自分」を生きる

たまにこんな数秘「33　虹の花」の方に出会います。「33と知って自分で、何か大きなことをしなくてはいけないのかな、変わった人にならないといけないのかなと思いました。でも何をしたらよいのかわからなくて、どうしたら33らしく生きられるのか、迷ってしまいます」。

中には「3＋3＝6」の「カーネーション」として生きられている方もいます。しかし、「カーネーション」の解説をお読みいただき、「何か、それだけではないような……」と感じられた方は、魂が数秘「33　虹の花」を「本当の自分」として生きたがっているのかもしれません。

何より大事なことは、「本当の自分になる」ということです。世間や周囲の人に合わせすぎて「本当の自分」が消えてしまっていることがあります。それは「調和したい、相手にいやな想いをさせたくない」という優しさから来ていることも要因の一つです。「本当の自分」を追求していくとき、その姿、生き様が周囲から「変わっている」といわれることがあるかもしれません。しかし、自ら「変わり者」になろうとする必要はありません。「本当の自分」になればいいのです。周囲の雑音が気にならないほど、自分に集中することに努めましょう。

バランスを崩すと

バランスを崩してエネルギーが過剰になると、地に足がつかず、羽が生えて飛んでいきそうなほどエネルギッシュになることがあります。やる気にあふれて過集中になり、「食べる」「寝る」といった生命維持に大切なことすら、あとまわしにしてしまう傾向があります。身体があってこそ活動できるのですから、健康維持にも意識してください。

自分の中の空虚感を埋めるため、自分がボロボロになっても相手に尽くしすぎてしまう。あるいは逆に、複数の人から愛を確認しようと愛を振りまく方もいます。愛情や色情面でトラブルにならないよう、欲望におぼれないように意識されるとよいでしょう。

エネルギーが不足すると、自分が何をしたいのかわからないと、悩むことがあるかもしれません。また誰とも話したくないと、部屋に閉じこもってしまいます。日頃から周囲に合わせすぎず、頑張りすぎないことを大切にしましょう。そうすることで感情のアップダウンを防ぐことができます。自分は何もできない、と極度にセルフイメージが低くなってしまうことも起こります。世界では貧困で苦しんでいるのに、自分はこんなに美味しい食事をしていいのか……などと、急に楽しさから切なさが押し寄せてくることもあります。幸せになることへの罪悪感から空虚感を感じてしまうこともあるでしょう。あなたの優しさは誰かを救い、あなた自身が幸せでいることも、誰かを救うことになるのです。

※発芽・根は計算上存在しません

虹の花さんとのコミュニケーション方法

虹の花さんは、物事を感覚的にとらえようとする傾向があります。そのため、理詰めでコミュニケーションをとられるようなことがあると、ハートが閉じてしまいます。相手を受け入れるように話を熱心に聞いているようで、実は聞いていないことも……(笑)。

そうかと思うと、突然左脳全開で理論的なことを話し出すこともあります。お天気にたとえると、虹から雷まで、一人の中でせわしなく次々と変わることに、とまどいを感じることがあるでしょう。虹の花さんを理解できないと思うことも多いかもしれませんが、虹の花さんは、意外と周囲のことを気にしています。温かく見守り、言動で愛を伝えてあげるとよいでしょう。

しかし、現実的に困ること、たとえば、連絡がとれなくなるなど、不安なことなどは、素直に心を開いて伝えてみるとよいでしょう。相手を悲しませることはしたくない想いが虹の花さんにはあるので、悪気はなかったとわかることもあるでしょう。

誕生花「33 虹の花」の有名人（敬称略）

福山雅治　羽生結弦　斎藤一人　松下幸之助　佐藤健　市川海老蔵
アルベルト・アインシュタイン　石原さとみ　キム・ヨナ　荒川静香　山口百恵
夏目雅子　黒柳徹子　中島美嘉　吉本ばなな

第4章

誕生花が教えてくれる「幸せのつくり方」

あなたが幸せを祈るとき、
あなたも誰かから幸せを祈られています。

誕生花セラピーの活用方法

✿「あなたの花」をラッキーアイテムに

自分の誕生花や発芽、根の花はあなたのラッキーアイテムとなります。意識してその花を取り入れることで運気アップもできます。

スマホやパソコンの待ち受けにする、部屋に生花もしくは造花を飾って見るようにするなどするとよいでしょう。最近は、アーティフィシャルフラワーといって、本物そっくりの造花も種類が増えています。お花屋さんで売っている生花以外にも、ぜひ気軽に取り入れてみてくださいね。

「33虹の花」の場合、花はないのですが、「虹」の画像が「虹の花」となります。画像以外にも、実際に空に虹を見つけるミラクルもあります！　花だけでなく、数秘術から算出された誕生花、発芽、根の「数字」も、あなたのラッキーアイテムです。車のナンバーや時計、部屋番号、電車の座席などよく見るようになったら、それは宇宙から応援されているサインです。

ぜひ、花や数字を日常に取り入れ、楽しんで、ますます幸運の波にのってくださいね！

さらに、誕生花セラピーの「花」のエネルギーを活用して「なりたいイメージ」のあと押しとして活用することもできます！　次に「なりたいイメージ別」の誕生花をご紹介いたします。

なりたいイメージを取り入れる

誕生花セラピーの花12種類は、花のエネルギーから「なりたいイメージ」を取り入れることができます。

たとえば、誕生花や発芽、根に「ひまわり」がなかったとしても「新しい一歩を踏み出したいけど不安だな」というときは、「ひまわり」のエネルギーを取り入れ、味方につけることができます。

以下、誕生花別効能を一覧にしました。これはほんの一例ですので、自分のフィーリングに従って、自由に花のエネルギーを取り入れてみてください。先ほどお話ししたとおり、花の画像をスマホやパソコンの待ち受けにする、生花を飾る、造花を飾る、そのほか、実際に見ることができないときは、想像して花のイメージを思い浮かべるだけでエネルギーが入り、応援してくれますよ！

誕生花1●ひまわり　勇気、自信、人前に出る、新しい一歩を踏み出したい
誕生花2●かすみ草　傷ついた心を和らげる、優しさ、繊細な感性、サポートしたい
誕生花3●ガーベラ　楽しみたい、元気、アイデア、活発になりたい
誕生花4●クローバー　地に足をつけたい、形にしたい、ラッキーを引き寄せたい
誕生花5●チューリップ　行動力、自由になりたい、変化したい、人気運
誕生花6●カーネーション　女性性アップ、恋愛結婚運、子ども運、家庭運、美
誕生花7●カラー　集中したい、勉強運、自立したい、冷静に落ち着きたい
誕生花8●ダリア　現実的成功、仕事運、願望実現、仲間運、大開運
誕生花9●椿　知的、品性、神社、日本の神様とつながりたい、寛容さ
誕生花11●蓮　直感力、シンクロニシティ、神秘性、才能開花
誕生花22●胡蝶蘭　存在感、海外、世界規模、カリスマ、強運、金運
誕生花33●虹の花　ミラクル、宇宙とつながる、無限の愛、夢が叶う

213ページでご紹介したひまわりの活用のほか、それぞれの花が持っているエネルギーは、「なりたい自分」へのサポートになってくれることでしょう。

「かすみ草」は特に心が傷ついたり、落ち込んだときに寄り添ってくれ、最大の癒やしのエネルギーをくれます。

「ガーベラ」はとにかく明るく元気！　ポジティブなハッピーオーラを、まわりにまとわせてくれます。

「クローバー」は地に足をつけたいときや、何かを現実的に形にしたいときに。

「チューリップ」は行動力が欲しいとき、自由にチャレンジしたいときに。

「カーネーション」は恋愛、結婚、家族、子育てなど愛と優しさが必要なときに。

「カラー」は集中したいときや、一人になって自分を見つめたいとき、冷静になりたいときに、静謐《せいひつ》な場をつくってくれます。

「ダリア」は仕事でパワフルにがんばりたいとき。とにかくオールマイティーな成功のエネルギーなので、開運したいときにも力になってくれます。

「椿」は心を清めたいとき、みんなのためになることを論理的に考えたいとき、奉仕の気持ちが欲しいときにも。

「蓮」は直感を必要とするとき、神秘的でスピリチュアルな力が必要なとき、インスピレーションを与えてくれます。

「胡蝶蘭」は誰にも負けない存在感を得たいときや、大きなスケールのプロジェクトなどを実行したいときに。

「虹の花」は宇宙とつながり、奇跡を望むとき、夢を叶えたいとき、無償の愛を必要とするときに。巻頭の「虹の花」のページを見て、イメージの参考になさってください。

「あなた」という花の咲かせ方

植物はあなたが本当は自由な生き物だと教えてくれている

植物は自ら動くことができません。私たち人間は、大人になれば住む場所、仕事、人間関係も自ら選ぶことができます。そういった意味では、人間はとても自由な生き物です。それなのに、自由に自分の望むことを選択できないことがあるのはなぜでしょうか？　現実というしがらみや、守るべきものがあるということもあるでしょう。

人の間と書いて「人間」と読みます。たとえば、無人島で生まれてから自分一人だけでいたとしたら、自分が人間なのかもわかりません。他人がいることで、自分と他人の違いがわかり、「自分」が何者であるのかがわかります。このように人の間で生きていくのが「人間」なのです。ですから、人間関係や他人を考えると、自由にできないことがあるのも仕方がないともいえるでしょう。

少しおかしな質問ですが、もし、植物が人間のように自由に動けるようになったら、どんなことをするでしょうか？

会いたかった植物に会いに行くでしょうか。あの花の隣にいると太陽の光が入らないからと、もっと居心地のよい陽の当たる場所に移動するでしょうか？　お金がないからと遠くに飛んでいかないでしょうか。目の前の花に水が足りず、枯れそうで動けなくなっていたのなら、そっと水のある場所まで運ぶこともあるかもしれません。

それがあなたなら……。**あなたという花は自由に動けるとしたら、どんなことをしたいですか？**

一度、「植物が動けるようになったような」真っさらな気持ちで思い描いてみませんか？　イメージするだけでも心がスーッと軽くなっていただけたらうれしく思います。

過去の経験は魅力となり、ベストタイミングで花開く

もしあなたが、まわりの人と比べて「どうして自分は……」と落ち込んでしまっていたのなら、この言葉を思い出してください。

「花が咲くタイミングは一つ一つ違う。人間もベストタイミングで咲くのだから焦らなくていい」。

たとえば、桜の花は、冬の凍えそうな寒さも乗り越え、春の足音とともに小さな蕾がつきます。そして、ベストタイミングが来たら、ほかの花と競うことなく「自分の花」を満

開に咲かせます。

もし、今、つらい苦しい経験をしていても、桜の花のように乗り越え、自分のベストタイミングで花を咲かす日が、きっとやって来ます。焦らなくていいのです。あなたの心が傷ついて痛いときでも、それは**「満開に咲くための養分」**となります。同じつらさ、痛みの人を理解し寄り添ってあげることができます。

そうすることで、あなたの中に、「愛」が蓄積されていきます。どんなことも幸せの道へとつながっています。豊かに蓄えられた養分は、輝く大輪の花をつくるでしょう。その花を見た人々は、その姿に感動します。あなたの輝く姿が誰かの勇気となれるのです。あなたの過去の経験は魅力となり輝き、花開いていきます。

世界は年々便利に進化しています。昔と比べたら通信速度もかなり速くなり、1分待てたことが、今は、0.1秒でも速く、と、スピードの競い合いのような時代になっています。しかし、自分は止まっているのに、世界は刻々と進んでいるように感じる。まるで一人取り残されたような孤独感を味わうこともあるかもしれません。そんなときこそ、あなたにしか感じられない、見ることのできない景色があるのだと思います。

私自身も過去に、電車に乗れない、人と食事ができないなど、普通の人はできるのに、できないことが多々ありました。そのたび、自分を責め、取り残されたような想いをしたこともあります。だからこそ、ちょっとした人の優しさに感謝することができました。できたときの喜びも感じることができました。同じような想いの方に心寄せることもできます。**「あなたは止まっているのではないのです。歩みをゆるめているだけなのです」**と。

花のように生きる

花が風に揺れるように、人も揺れ動いていい

不安な気持ちが湧き上がったとき、「ネガティブになってはいけない」と、心の奥底にむりやり押し込めてしまう。傷つくようなことがあっても、「こんなささいなことで傷ついていてはいけない」と無視してしまう……。

反対に、飛び上がりそうなほどうれしいことがあっても、「よいことのあとは悪いことがあるに違いない」と、喜びの感情も抑えてしまう……。そんな経験をされた方もいるのではないでしょうか。

「心」は、「コロコロ変わるから心」といわれるほど、揺れ動いているものです。心が動かないように押さえ込んでしまったら、あなたの本当の気持ちがわからなくなってしまいます。

ある日、風に揺れる草花を見ていたら、「ありのままでいいじゃない」と、花が私に語

りかけているように感じました。自然に咲いている花は、風が吹けば揺れます。前後左右へ、まるで風と楽しくダンスをするかのように揺れ動きます。

人間も、身体は風に揺れなくても、心は風に揺れる花のように、自然体でいいのではないでしょうか。たとえ心が揺れ動いても、自分の軸にまた戻ればいいのです。


植物は、地面にまかれた種が大地に根を張って養分を吸収し、美しい花を咲かせます。美しく咲いている花を見るとき、私たちは種や根の存在を忘れています。けれど、花がどんなふうに揺れても、大地とつながる根がしっかり元の位置に戻してくれます。

成功者といわれる人や幸せな人は、外側からはうかがい知れない努力や経験をして、今の幸せを手に入れました。植物のように種をまき、根を生やして、人生の花をみごとに咲かせたのです。彼らも心が千々《ちぢ》に乱れ、揺れ動くこともあったでしょう。けれど、さまざまな経験や努力が自分の軸をつくり、心に根を生やして、植物の根のようにまた元の位置に戻してくれるのです。

「心に根を生やす」とは、自分の軸をつくること。揺れ動いても自然のままに、そして、いつでも自分の本質に立ち戻ることができます。不安も恐れもない、自然体な自分でいられるということです。

❋夜閉じる花のように、疲れたら休む

夕暮れどきは、太陽と月が交代する時間です。種類は少ないですが、品種によっては、日中、元気いっぱいに咲いていた花も、日が沈み、空が夕焼け色に染まるにつれ、花びらをそっと閉じ始めます。自宅で育てていた花が夜になると、そっと閉じていたのを見て驚いた経験があります。「花って眠るんだ！」。そう思ったのです。まるで、日中、太陽とたくさん遊んで夜にはぐっすり眠っている子どものようにも見えました。

忙しい日々の中で、疲れていても休めないときもあると思います。私自身も、仕事が楽しくて夢中になり、疲れていても頑張ってしまうこともありました。しかし、夜に花びらを閉じる花を見てからは、「疲れたら休めばいいんだ」と花から学び、無理をすることがなくなりました。

こまめに休むからこそ、長く咲くことができるのですね。また、「いつも元気いっぱいでなくては」と無理をしてしまう方もいるかもしれません。「相手に元気を与えたいから」と優しい気持ちから来るその想いもよく理解できます。また「元気な自分でないと認めてもらえない」という、これまでの経験からの想いがあるのかもしれません。

夜になると花びらをそっと閉じる花のように、いつも太陽に向かって元気いっぱいでなくても大丈夫なのです。あなたが元気いっぱいであろうと、悲しく落ち込んでいようと、

疲れていたとしても、「あなたはあなた」なのです。誰かの期待や世間が喜ぶ基準に合わせてなくても大丈夫です。まずは自分が無理をしていないか、気づくことから始めてみませんか？　**どうしたってあなたは愛される存在なのですから。**

自分の価値は自分で決める

誰かの言動で「自分なんて価値がない」と思ってしまうことはありませんか？　周囲の評価で自分の価値がヨーヨーのように上がったり下がったり……。これはとてもしんどいことですよね。これを私は「自己価値の第一の扉」と呼んでいます。宇宙は「自分なんて価値がない」と思わせる出来事を通して、あなたに気づきのプレゼントを送ってくれているのです。

花はただただ自分の命を満開に咲かせています。雨に打たれ、風に吹かれ、隣の花が褒められても何事もなかったかのように咲いています。私たちは花ではないため、「認められたい」という承認欲求があることは自然のことです。そんなとき、「自分に集中する」ということをしてみませんか？

その方法として、「自分で自分を認めてあげる」ことがあります。何か素晴らしい才能や努力を評価されて、表彰状をいただくことはあります。しかし「あなたそのものの価値」

についてては、誰も決められないのです。自分の価値は自分が決める。誰にもあなたの価値を決めることはできません。もし、人と比べて「自分なんて価値がない」と思ったときは「自分で自分の価値を認めて」というサインです。

花が新芽を出して、やがて蕾がつき、満開に咲く過程があるように、あなたも少しずつ「自分の価値を自分で認める」という練習をしてみませんか？　この「自分で自分の価値を認める」という練習が始まることを「自己価値の第二の扉」と呼んでいます。あなたの価値の扉は開いています！　扉の向こうで満開に咲きたがっていますよ。

花びらの裏側も美しい

私は花の裏側が好きです。花の裏側をそっと覗くと、光がほんのりと花びらから透けて透明感のある花びらが見られます。茎から花びらにかけての繊細な色彩のグラデーションも目をみはるほどです。そっと表の花びらを支えてくれているようにも感じられます。

よく「前を向いて歩こう」といわれていますが、いつも「前向き」でいられないのも人間として当然のことのように思います。「後ろ向き」になってしまう自分を、どうか責めないでくださいね。「花の裏側」にも思える「後ろ向き」の状態も、表を向いて前向きに頑張るあなたを支えてくれているのです。花の裏側も表側もすべて、あなた自身なのです。

どんな自分も「表側」だけが素晴らしいのではない。「表側」や「裏側」も、どんな自分も丸ごと愛することができたのならば……。

「自分を愛する程度しか人を愛せない」という言葉があります。自分自身を愛し、そのうえであふれる愛で、他人を愛することができる。大好きな花を育て愛でるように、自分自身も愛したいですね。そして、花の裏側を見ても「この花」とわかるくらいに花を愛したい。人もしかり。雑踏の中、後ろ姿を見ただけでもあの人だとわかるくらいに愛したいですね。

人生に小さな奇跡を起こした女性たち

✻誕生花セラピーで幸せな結婚を叶えました！

SAYAKAさん（誕生花セラピー認定講師）

私は誕生花セラピーと出会って、人生が激変しました。自分を好きになり、誰かの望む別の私になろうとするよりも、持って生まれた性質のまま生きていいんだと思えるようになりました。その結果、人生最大の願いだった幸せな結婚が叶い、現在は大好きな誕生花セラピーの魅力を認定講師として伝える活動をしています。

誕生花セラピーを知ったきっかけは、とあるブログの記事でした。「お花にたとえるなんてかわいい！」と華やいだ気持ちになり、「私のお花は何だろう？」と興味が湧きました。

当時、彼と復縁したかった私は、愛が重いとうっとうしがられ、自分に否定的になっていました。私の誕生花は「カーネーション」。愛が重いのは、私の性質なんだ。それがわかり、無理に自分を変えるのではなく、私の性質を否定せずに受け入れられるようになりました。そのままの私を愛してくれる人と結婚したいと考えるようになり、復縁への執着が自然と消えていきました。

その後、本当にそのままの私を愛してくれる夫と結婚するという念願が叶いました。夫は私の重い愛を「全部持ってあげる」と言ってくれたのです。

誕生花セラピーに興味を持った夫は、なんと誕生花セラピー入門アドバイザーの資格を取得しました。誕生花セラピーを通じて理解し合える今の関係がとてもうれしいです。

誕生花セラピーと出会っていなければ、こんな幸せな未来はなかったので、心から感謝しています。

✿自分の性質を知り、受け入れ、仕事や子育てにも誕生花セラピーを取り入れ、幸せに。

YUKAさん（恋愛コンサルタント）

私はもともとお花がとても好きで、フラワーアレンジメントや、フラワーエッセンスなどを学んでいました。そんな中、お花と数秘を組み合わせた、誕生花セラピーがあると知り、すぐに講座に申し込みをしました。今から6年前のことです。少し緊張しながら、うかがったお部屋で初めて三奈さんとお会いしました。とってもおきれいなのに、内面はとてもかわいらしい三奈さん。とても温かい講座の雰囲気に、自然と笑顔になったことを覚えています。

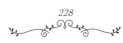

誕生花セラピーに出会う前も、私は自分のことは好きでした。ただ、よくまわりと自分を比較して落ち込むことがあったので、そこだけはあまり好きではなかったです。

誕生花セラピーと出会い、私はこだわりのダリアだと知りました。そのときに、心から腑に落ちました。完璧主義な頑張り屋さんで、負けず嫌い。「自分にはそういう性質が、生まれたときからあったんだ！」。なんだか笑ってしまいました。人と比較するのも自分の魅力の一つと気づくことができて、初めてあまり好きではなかった自分も受け入れることができた瞬間でした。ダリアの性質は、納得することばかり。本当に温かい気持ちで受け入れることができました。

そうそう、三奈さんと初めて会った日、私はキラキラした時計と大きめのイヤリングを身につけていました。そんな私を見た三奈さんは、「ダリアさんっぽいね！」と言いました。その後に計算したら本当にダリアだったのです！　すごくビックリしたのと、納得したのも思い出です。

私は今、恋愛コンサルタントとして独立し、お仕事をしています。誕生花がダリアであることは、何か行動したいときにいつも背中を押してくれます。困難があるほど燃えるダリアだから。迷いや不安があっても、とにかくやってみようと挑戦できます。誕生花セラピーを知って、すごく自信を持てるようになりました。

家族関係も面白いですね。旦那さんはカラー、椿の長男とカラーの次男。特に子どもたちは、まだまだ純粋で、誕生花の性質が強く出ます！　誕生花を知っているだけで、子どもたちの個性をそのまま受け入れて、伸ばしてあげたいなと思うようになりました。

数字だけの数秘術では、ここまで好きになれなかったかもしれません。美しい花との組み合わせだから、どんなところも魅力として受け取りやすいのだと思います。私は本当に誕生花セラピーが大好きです。これからも自分の人生に誕生花セラピーをたくさん活かしていきたいです♡

❋自分を初めてそのまま受け入れることができた気がして涙があふれました。親子関係もよくなり、以前よりも素の自分でいられる時間が増えました。

ちあきさん

恋愛につまづいたことがきっかけでアメブロを見るようになり、誕生花セラピーの入門アドバイザーさんのブログにたどり着き、誕生花セラピーを知りました。「私のお花ってなんなんだろう♪　バラとかだったらいいな～♪」と深く考えずにメールセッションに申し込みをしたのがきっかけです。けれど、軽い気持ちで申し込んだのに、結果に驚愕しました。

私の誕生花は「33まっすぐな虹の花」で、私の心の葛藤や言葉では説明できない虚無感などについて、代弁してもらっている感覚でした。生きるのがへたで、生きづらくて苦しくて、私じゃない誰かになりたいと思っていました。自分の中にたくさん矛盾があってそんな自分を扱いきれないと見放したかったけど、それも全部私だったんだな。私って、ただただ私を生きているだけだったんだなと、初めて自分を、そのまま受け入れることができた気がして、涙を流したのを今でも覚えています。

自分が数秘33だということを知ったこのとき、私は奇しくも33歳でした。これにも運命を感じています。

一番大きい変化は、「母との分離」ができたことだと思います。母とは友だちのように仲のいい親娘で、なんでも話すことができるのですが、「本当の私をわかってくれない」という想いを幼少期からずっと感じていました。

誕生花セラピーに出会い、私と母は質の異なるお花を持っていることを知り、お互いに求めていることが違うんだということに気づきました。仲のいい親娘でも価値観や求めていることが違うという、あたりまえのことがわかったのです。そのとき、インナーチャイルドが癒やされていった感覚を持ちました。

今は「自分の考えをわかってもらおう」ではなく、「伝えたいから伝えよう」ととらえています。それによって、他の人間関係においても私は私なんだと思えるようになり、以前よりも素の自分でいられる時間が増えました。

すべてのお花にそれぞれ光る個性があり、優劣をつけずに温かく包み込んでくれる誕生花セラピーの世界観が大好きです♡

このお花の組み合わせを選んで生まれてきたのだと思うと、配置も含め、自分のお花たちが愛おしくなります。私には何の個性もないとずっと思っていましたが、このお花の組み合わせは紛れもなく私の個性そのもの。そして人は誰しも自分だけのお花を持っている。そう思うと、この世界はとても美しいお花畑です。

あきらめたはずの花の仕事を誕生花セラピーで実現

オーストラリア在住　E・Hさん

現在、オーストラリアに住んでいます。もともとお花が大好きで、オーストラリアにあるフラワースクールに通い、フラワーアレンジのコースを習得したあと、お花屋さんで見習いやお手伝いをしていました。でもフロリストとして生計を立てるような夢にはなかなか手が届かず、夢をあきらめたのはつらかったです。

そんなときに、日本在住の妹が誕生花セラピーに出会い、紹介してくれました。お花好きの私にとって、こんな素敵なセラピーがあるなんて！と感激。生花は手で触れなくても、意識的にお花とともにいられる感じや、お花と数秘術と心理学の融合というのが、とても奥深くて魅力的でした。自分の行動や資質をお花にたとえて考えるのも、とても楽しいと思いました。

誕生花セラピーの上級の資格を取り、オーストラリア人や、オーストラリア在住の日本人の方にセッションしています。受けてくださった方々は、ご自分の誕生花のお花のイメージに喜ばれ、資質があまりにも的を得ていてびっくりされたり、メインの誕生花以外のお花がご自分のイメージにぴったり来るという人もおられました。

そしてセッションの終わりにBirth Flower Cardを引いてもらうと、どの方もタイムリーなメッセージを受け取られるので、鳥肌が立ち、感動され、驚かれるとともに癒やされ、喜ばれています。

誕生花セラピーを始めてから、前よりも私の心にお花がもっと咲くようになったかもしれません。あるとき、セッションをしたオーストラリア人に、「あなたって、お花畑を背負って歩いてるみたいな人ね」とコメントをいただきました。今でも思い出すたび、一人でときめいています。

おわりに
花への想い

花を見て「きれい」と思う瞬間、恐れや不安といったネガティブな感情を同時に感じることはありません。その時間が増えていくほど、ネガティブな感情が遠ざかり、花を通して癒やしの時間が増え、幸福度が増していきます。

花の姿形、色合い、香り……。これほどまで美しい造形物は、地球にないと思います。神様からのギフトとしか思えないほどの、花の美しさに心奪われます。

花は何も言わず、ただただあなたの気持ちに寄り添ってくれます。

普段、花が咲いているのに気づかず、通り過ぎることが多々あります。反対に、ふと目に止まった花に、心惹かれるということもあります。

私たち人間だけでなく、花にも固有の周波数があります。花と人間の周波数が同調したとき、そこに存在している花に気づくのです。たとえば落ち込み、傷ついた心を癒やしたいとき、あなたの心に必要な花が同調し、その花を見て癒やされるのです。

花は、目には見えないエネルギー(メッセージ)を発しています。私たち人間は花を育て、花を見ているると思っていますが、実は花からメッセージを受け取り、花から気づかされています。つまり、「花からも見られている」といえるのです。

花はいつもあなたに語りかけてくれています。花からの愛を、「心の眼」で感じてみませんか？　あなたが想像する以上の癒やしと幸せを感じられるでしょう。そして、数秘術の数字にも固有の周波数があります。数字だけでなく、すべてのものに、目には見えないけれど周波数があるといわれています。

一人一人が自分らしい花を満開に咲かせながら生きていく――誰と比べることもなく、競うこともなく、ただただ自分の花を満開に――花のように生きられたら、ますます平和な世界が訪れるに違いないと信じています。

まずは私自身、あなた自身から自分の花を咲かせ、自分を愛し、幸せにし、そのあふれる幸福の一滴が波紋のように周囲へ広がり、世界へ幸せが広がっていく――この時代に、私たちが未来の子どもたち、後世の地球や人々、万物すべてのために少しずつ実現していけたらうれしく思います。

最後に。本書の完成は、多くの方のお力添えのおかげです。ありがとうございます。

2021年2月初旬、Clubhouseに登録したばかりの頃、望月俊孝先生が私のルームに間違えて入ってこられた不思議なご縁で、平日朝7時から、「朝から引き寄せ」という先生のルームのモデレーターをさせていただいております。望月先生には、本書の帯にお言葉もいただきました。心より感謝申し上げます。ルームには本田健さんもいらっしゃり、温かいお言葉をいただき、感謝しております。Clubhouseでは、予想もしないほど多くの方と温かいご縁が紡がれています。ゼロポイントアプローチ創始者の橋本陽輔先生ともご縁をいただき、本書にお力添えいただきました。御礼申し上げます。

2013年の考案以来、誕生花セラピーと出会ってくださった受講生の皆さん、つまずき、立ち止まったときに、励まし、応援してくださった方々、BABジャパンの皆様、家族、ご先祖様にも、心より感謝申し上げます。

あなたの尊く美しい「命という花」が、満開に咲き誇りますように。
古事記では「咲」を「笑う」と読むそうです。
あなたが、あなたらしく笑って咲いていられますように。
今もこれからも、永遠に祈っています。
愛と感謝を花束にして。

2021年5月吉日　風薫る八ヶ岳にて　白岡三奈

参考文献

伊泉 龍一・斎木 サヤカ『数秘術完全マスターガイド』駒草出版

伊泉 龍一・早田 みず紀『数秘術の世界』駒草出版

木村 陽二郎『図説 花と樹の事典』柏書房

倉野憲司『日本古典文学大系』1 古事記・祝詞 , 岩波書店

最新園芸大辞典編集委員会『最新園芸大辞典』
第 5 ～ 9 巻 , 第 11・12 巻 , 誠文堂新光社

植物学史研究会編『植物和名学名対照辞典』科学書院

遠山茂樹『歴史の中の植物』八坂書房

二宮孝嗣『美しい花言葉・花図鑑』ナツメ社

箱崎美義『花の科学』研成社

はづき虹映『誕生数秘学の智慧』アルマット

牧野富太郎『新分類牧野日本植物図鑑』北隆館

山田孝男『カバラで知る運命の秘密（山田孝男全集 3)』ナチュラルスピリット

由田宏一『有用植物和・英・学名便覧』北海道大学図書刊行会

Carol Adrienne, *Success by the Numbers*, Spiral Path Publishing.

Juno Jordan, *Numerology: The Romance in Your Name,* DeVorss & Company.

Kay Lagerquist Ph.D. and Lisa Lenard, *The Complete Idiot's Guide to Numerology*, Alpha.

P. Macura, *Elsevier's Dictionary of Botany,* Elsevier Scientific Pub.

Ruth Drayer, *Numerology: The Power in Numbers,* Square One Pub.

白岡三奈（しらおか　みな）
一般社団法人日本誕生花セラピー協会代表理事。33数秘クラブ代表。モデル、企業事務、大学図書館司書などの職を経、31歳のときに心身を壊して入院。退院後、数秘術と運命的な出会いをし、人生が好転。33歳で数秘術の資格を取得。祖父の名前と「33」のシンクロを経験する。数秘術をきっかけに、9歳から25年間苦しんだ会食恐怖症を克服。2013年に数秘術と花のインスピレーションが降り、「誕生花セラピー®」考案。入門アドバイザーの資格取得者は、国内外で1,000名を超える。
一般社団法人 日本誕生花セラピー協会
https://www.tanjouka.jp

購入特典
本書をお買いいただいた方への限定特典
・初公開！ 聞くだけで幸せの扉が開く「花の誘導瞑想」
・見るだけで開運！幸運が舞い込む高波動画像
下のアドレスにアクセスしてください
https://tanjouka.page/

生年月日で導かれた12の花が起こす小さな奇跡
誕生花セラピー
数秘術の魔法《パワー》で幸せの扉を開く
2021年7月7日　初版第1刷発行
2021年8月10日　初版第2刷発行

著　者　白岡三奈
発行者　東口敏郎
発行所　株式会社BABジャパン
〒151-0073 東京都渋谷区笹塚1-30-11　4・5F
TEL　03-3469-0135　　FAX　03-3469-0162
URL　http://www.bab.co.jp/
E-mail　shop@bab.co.jp
郵便振替　00140-7-116767
印刷・製本　中央精版印刷株式会社

ISBN978-4-8142-0399-4 C2077

イラスト　竹田久美子
デザイン　石井香里